Un coach à vos côtés !

Retrouver un emploi

Gilles Payet

Sur une idée originale de Gilles Payet

Dans la même collection

© Prat éditions, 2010

Division de Reed Business Information – SAS au capital de 4 099 168 €

Forum 52 - 52 rue Camille Desmoulins, 92448 Issy-les-Moulineaux Cedex

Président : Antoine Duarte

Directeur de publication : Antoine Duarte

Actionnaire principal : Reed Elsevier France

Composition : IDT

ISBN : 978-2-8095-0199-5

Sommaire

Avant-propos

Bonjour,

Vous avez entre les mains l'un des ouvrages de la collection « Un coach à vos côtés ! » qui vous permet, au-delà de sa lecture, de bénéficier d'une consultation personnalisée.

Dans cet ouvrage sur la recherche d'emploi, j'ai privilégié l'essentiel :

▶ **mes conseils** pour aller de l'avant et toutes les infos utiles pour décrocher un poste ou créer votre activité. Dans cette partie importante, la question de la gestion mentale a été particulièrement développée et c'est l'originalité forte de ce livre ;

▶ **85 réponses opérationnelles** aux questions concrètes qui m'ont été le plus posées lors des accompagnements que j'ai pu mener ;

▶ **21 exercices** pour aller mieux, vous dynamiser, vous relaxer, cultiver votre confiance en vous ;

▶ **les ressources utiles**, qui listent les adresses URL de tous les sites web vraiment utiles et gratuits, que j'ai relevées et testées sur le Net.

Enfin, grâce à la consultation personnalisée (voir détails p. 183) vous avez la possibilité de me poser une question sur votre recherche d'emploi.

Bonne lecture !

Gilles Payet

PS : dans la même collection « Un coach à vos côtés ! », retrouvez les Guides *CV*, *Entretien d'embauche*, *Lettre de motivation* et *Créer son activité*, avec pour chacun d'entre eux une consultation personnalisée gratuite et adaptée.

Mes conseils pour aller de l'avant

▶ Dans cette partie, vous trouverez tout ce qu'il faut savoir pour organiser une recherche d'emploi dynamique et efficace. ▶

Le B.A.-BA

Trouver un emploi prend aujourd'hui plusieurs mois. Personne n'échappe à cette règle. Pour gagner du temps et traverser cette période sans trop de casse, vous devez travailler sur vos outils (CV et lettres), affiner votre stratégie de recherche (quels sont vos objectifs et comment élargir ceux-ci à vos compétences cachées ? Comment vous y prendre pour les atteindre ?) et prendre soin de votre corps et de votre esprit. La recherche d'emploi est un marathon qui nécessite de prendre soin de vous pour tenir la distance. Avant de rentrer dans le détail de chaque sujet, voici 8 idées fortes à retenir pour une recherche d'emploi efficace.

8 IDÉES FORTES

Disposez de CV et de lettres de motivation clairs et convaincants	Prenez soin de votre mental, cultivez votre confiance en vous	Identifiez tous vos talents pour les porter haut et fort !
Soyez apporteur d'affaires, de projets, de solutions... pour vos interlocuteurs	8 idées fortes pour décrocher votre prochain emploi !	Personnalisez 100 % de vos candidatures
Créez votre réseau de personnes « aidantes », bienveillantes et influentes	Prenez soin de votre corps	Soyez créatif et souple, élargissez votre champ de recherche

Les besoins du recruteur

N e nous trompons pas de discours, trouver un emploi nécessite un travail à plein-temps. Et ce temps de travail est long et difficile pour tout le monde. Pour chaque poste, la concurrence est aussi plus rude qu'avant. Là où les recruteurs recevaient auparavant 150 candidatures pour un même poste, ils en reçoivent aujourd'hui bien souvent 600. Heureusement pour vous, seules quelques-unes de ces 600 candidatures sont vraiment dangereuses pour vous.

Postuler consiste à envoyer un dossier (mail, CV, lettre, exemples de réalisations…) à des gens qui ne vous connaissent pas et qui ne prendront aucun temps pour vous répondre s'ils estiment que vous ne correspondez pas (ou pas assez) au profil défini. C'est donc en soi un exercice qui peut s'avérer traumatisant car 95 % de vos candidatures resteront non seulement sans entretien, mais aussi et surtout sans réponse – et, dans la grande majorité des cas, sans possibilité d'obtenir la moindre information sur ce qui n'a pas marché ! Ce « déni d'existence » des recruteurs est dur à vivre lorsque l'on n'y est pas préparé.

La posture qui vous ouvrira des portes

L a seule façon alors de tirer votre épingle du jeu est la suivante : passez du temps sur l'analyse de chaque offre, comprenez les besoins exprimés (expériences, compétences, expertises, connaissances…) et, à la fois dans votre mail de candidature, dans votre CV et dans votre lettre de motivation, utilisez les mots présents dans l'annonce. Personnalisez chaque offre. Le recruteur doit y reconnaître ses propres besoins. Elle doit être en quelque sorte un miroir de ce qu'il recherche.

> ▶ **IMPORTANT**
>
> **Enthousiasmez-vous pour chaque candidature, donnez le meilleur de vous-même et, une fois vos documents envoyés, classez-les pour les retrouver facilement et notez une date à laquelle vous relancerez ce recruteur. Puis, une fois ce travail fait… oubliez tout ! Et passez à l'annonce suivante. Et faites ainsi pour chaque annonce.**

6 heures par jour, 5 jours sur 7

Ce plein-temps de recherche, que j'identifie à 6 heures de travail par jour, 5 jours par semaine (le reste du temps est consacré à votre équilibre de vie), est composé de tout ou partie des actions suivantes :

▶ **s'inscrire aux alertes mails** des principaux sites d'emploi, y compris sur les sites spécialisés dans votre fonction et/ou secteur afin de recevoir les offres d'emploi ciblées sur vos besoins ;

▶ **répondre aux offres** sélectionnées par vos alertes ;

▶ **personnaliser vos candidatures** dans 100 % des cas : recherche des prénom et nom de vos interlocuteurs, utilisation de mots précis et ciblés dans le CV et la lettre, hiérarchisation des compétences listées dans le CV, détails de la solution apportée aux besoins du recruteur dans la lettre ou le mail… ;

▶ **relancer systématiquement** tous les recruteurs que vous avez contactés ;

▶ **aller à la pêche aux infos** à valeur ajoutée sur les sociétés et secteurs qui vous intéressent. Soyez curieux et malin ;

▶ **préparer chaque entretien décroché**, en y passant 3 heures d'étude : connaître par cœur la problématique de l'entreprise (son marché, ses produits, ses innovations, ses concurrents, son chiffre d'affaires, le nombre de ses salariés, le nombre de ses établissements…) et celle de votre interlocuteur (faire l'analyse de ses besoins à partir de l'offre d'emploi). Enfin, savoir répondre clairement à la question « Que pouvez-vous m'apporter concrètement ? » ;

▶ **rechercher des informations sur les interlocuteurs** que vous êtes amené à rencontrer (taper nom et prénom sur Google et regardez les résultats sur les 5 premières pages) – utiliser ces informations dans votre lettre et en entretien ;

▶ **actualiser votre blog**, si vous en avez un – un bon moyen de vous faire repérer ;

▶ **inscrire votre CV** dans les CVthèques des job boards, des cabinets de recrutement et des entreprises du secteur qui vous intéresse – pour vous donner le maximum de chances d'être contacté ;

▶ **actualiser régulièrement votre CV** sur les CVthèques pour le faire remonter dans les résultats de recherche des recruteurs ;

▶ **suivre des formations** dispensées par Pôle emploi, l'Apec, ou autres – les possibilités d'être accompagné sont nombreuses : préparation à l'entretien de recrutement, à la rédaction d'un CV et d'une lettre de motivation, à la création d'entreprise, bilan de compétences… (voir la liste des 28 ateliers proposés par Pôle emploi, p. 73) ;

▶ **lire la presse spécialisée**, les newsletters de votre secteur (bien souvent gratuites sur Internet) ou de votre fonction, s'informer sur l'actualité, l'évolution des entreprises, rester en veille permanente, prendre des notes, faire des fiches – Internet permet tout cela ;

▶ **caler des rendez-vous « réseau »** : ami, relation, ancien client ou fournisseur, ex-collègue, conseiller emploi, cabinet de recrutement… Rendez-vous, petit déjeuner ou déjeuner, pot, apéritif, partie sportive… retenez le lieu et le moment les plus appropriés, adaptez-vous aux contraintes de votre interlocuteur, soyez souple ;

▶ **vous réserver un temps de plaisir quotidien**, et vivre ce moment à 100 % : une émission de télé, un temps de lecture, aller chercher les enfants à l'école, pratiquer un sport ou des exercices physiques à la maison, faire une balade à pied ou à vélo, s'offrir une séance de cinéma ou un spectacle, aller voir un match à la salle municipale… ;

▶ **entretenir votre corps** quotidiennement : marche, vélo, gym, musculation, sport, exercices de respiration, de relaxation… Cela vous permettra de tenir la distance tout en vous présentant sous votre meilleur jour au moment des entretiens.

Les ressources Internet

Internet a envahi le champ de la recherche d'emploi et, hormis les approchés directes (chasse de têtes, promotion interne, recrutement lors de salons ou de job dating), 100 % des annonces d'offres d'emploi passent par Internet.

Internet est donc tout d'abord le lieu incontournable où sont diffusées les offres d'emploi. C'est aussi grâce à ce réseau et aux messageries électroniques que vous postulerez dans 99 % des cas, la candidature papier ayant quasiment disparu !

Internet permet également de vous abonner à des alertes d'offres d'emploi ciblées (en fonction des critères que vous aurez définis : intitulé de poste, secteur d'activité, lieu géographique, type de contrat, salaire…). Vous recevrez ces offres directement dans votre boîte mail.

Internet est un média grâce auquel vous trouvez tout type d'informations utiles sur les entreprises, les interlocuteurs que vous serez amené à rencontrer, le secteur économique que vous démarchez… Vous pouvez d'ailleurs organiser un système de veille très actif en vous abonnant à des newsletters thématiques, à des sites d'experts de votre domaine (*via* l'abonnement aux flux d'infos d'un blog ou d'un compte Twitter).

Internet est d'autre part le meilleur endroit pour rendre visible votre CV : enregistrez votre CV dans toutes les CVthèques existantes, créez un compte Viadeo et LinkedIn et, au besoin, créez un blog CV, alimentez régulièrement un compte Twitter pour mettre en avant vos compétences, votre talent. Les recruteurs puisent abondamment dans les CVthèques et scrutent de plus en plus ces réseaux pour recruter : c'est aujourd'hui vital d'y être présent.

Enfin, Internet est un réseau social sur lequel se crée du lien utile : consultez les forums de discussions, les blogs experts, les hubs (groupes de discussions thématiques) sur Viadeo ou LinkedIn, postez vos questions ou répondez à celles d'autres internautes. Bref, utilisez toutes les ressources qu'offre aujourd'hui Internet pour votre recherche d'emploi !

> ▶ **IMPORTANT**
>
> **Beaucoup de candidats utilisent Internet comme un *mass media*, inondant les boîtes mails des recruteurs de leurs dossiers impersonnels. Ne faites surtout pas comme eux ! Soyez pro dans votre démarche : utilisez Internet pour trouver la bonne info, la bonne personnalisation de vos documents. Faites de la qualité et non de la quantité et vous serez plus souvent convoqué !**

Identifier
vos ressources intérieures

I dentifier vos ressources intérieures sera pour vous l'assurance d'une recherche d'emploi bien ciblée. Prenez conscience des compétences, des connaissances et des qualités qui vous sont propres, et répondez ainsi précisément aux recruteurs qui ont besoin de vous.

Vos compétences

Quels que soient votre âge, votre passé personnel et professionnel, vous avez des compétences qui intéressent les recruteurs. Il est important pour vous de les identifier car, dans l'échelle des priorités, un recruteur recherchera dans votre parcours des expériences et des compétences qui correspondent à ses besoins.

Qu'est-ce qu'une compétence ? Au sens du travail, une compétence se caractérise par la capacité à réaliser une tâche précise. Voici une liste (non exhaustive, la liste étant infinie !) de compétences relevées dans une trentaine d'annonces et demandées lors de recrutements, dans laquelle je vous invite à piocher pour vous aider à identifier les vôtres.

▶ EXEMPLES

– **Rédiger un article de presse**

– **Saisir des factures comptables**

– **Conduire une grue de chantier**

– **Conduire un camion**

– **Conduire une voiture**

– **Utiliser un standard téléphonique**

– **Faire des tableaux croisés dynamiques sous le logiciel Excel**

– **Interviewer un homme politique**

– **Faire un discours devant 20 personnes**

– **Recevoir un appel téléphonique et transmettre au bon interlocuteur**

– **Vendre de la publicité sur Internet**

– **Animer un blog**

– **Parler anglais en situation professionnelle**

– **Animer une réunion commerciale**

– **Motiver un collaborateur**

– **Réparer une panne moteur**

– **Former un groupe**

– **Enduire un plafond**

– **Accueillir des visiteurs**

– **Soigner une entorse de la cheville**

– **Tenir une caisse**

– **Gérer un planning de production**

– **Établir un devis**

– **Piloter un avion**

– **Faire la synthèse d'un texte**

– **Comprendre le besoin d'une personne**

– **Réaliser un reportage photo**

– **Concevoir le scénario d'une bande dessinée**

– **Traduire en français un texte en chinois**

– **Dresser un tigre**

– **Changer un pneu de voiture**

– **Faire passer un entretien de recrutement**

– **Faire une revue de presse**

– **Expertiser un objet d'art**

– **Éditer un bulletin de paie**

– **Poser une fenêtre**

– **Faire un dessin humoristique**

– **...**

Vos connaissances

Vos connaissances sont issues de votre parcours de vie. Ces connaissances sont potentiellement mobilisables en situation professionnelle.

Ces connaissances peuvent concerner :

▶ un secteur d'activité ;

▶ le fonctionnement d'un logiciel, d'une machine ;

▶ des techniques de vente, de promotion ;

▶ un univers professionnel particulier ;

▶ un métier ;

▶ la géographie d'un pays, un plan de ville ;

▶ une législation particulière ;

▶ les habitudes d'une population, d'un groupe d'individus ;

▶ etc.

Il est vital pour vous de faire le tour de vos connaissances afin de les mettre en avant lors de vos candidatures et d'en parler avec aisance pendant les entretiens.

Vos qualités humaines

Voici une liste de 75 qualités humaines pour lesquelles je vous invite à préciser si chacune vous correspond tout à fait, parfois ou pas du tout. Dans la dernière colonne, indiquez pour les qualités qui vous correspondent « tout à fait » les situations professionnelles dans lesquelles vous les avez mises en œuvre.

Qualités humaines	Tout à fait	Parfois	Pas du tout	Situation professionnelle
accueillant				
ambitieux				
audacieux				
autonome				
aventureux				
ayant l'esprit d'équipe				
calme				

Qualités humaines	Tout à fait	Parfois	Pas du tout	Situation professionnelle
combatif				
conciliant				
confiant				
conformiste				
courageux				
créatif				
dévoué				
diplomate				
direct				
discipliné				
discret				
doux				
dynamique				
efficace				
empathique				
endurant				
énergique				
extraverti				
fidèle				
flexible				
franc				
généreux				
honnête				
imaginatif				
impulsif				

Qualités humaines	Tout à fait	Parfois	Pas du tout	Situation professionnelle
indépendant				
innovateur				
intelligent				
intuitif				
jovial				
juste				
leader				
maître de soi				
méthodique				
motivé				
observateur				
obstiné				
optimiste				
ordonné				
organisé				
original				
ouvert d'esprit				
patient				
persévérant				
poli				
polyvalent				
ponctuel				
précis				
prudent				
pugnace				

Qualités humaines	Tout à fait	Parfois	Pas du tout	Situation professionnelle
résistant au stress				
responsable				
rigoureux				
rusé				
sensible				
sérieux				
serviable				
sociable				
soigneux				
souple d'esprit				
souriant				
stable				
stratège				
tenace				
timide				
tolérant				
travailleur				
volontaire				
…				

Mettez en place des emplois du temps qui vous poussent à l'action

Pas toujours évident de savoir s'organiser quand on n'a pas d'obligation extérieure ! Voici quelques principes simples qui vous aideront à structurer vos journées, à mesurer votre efficacité, et surtout, à garder votre motivation intacte pendant toute la durée de votre recherche.

7 idées fortes
pour concevoir des emplois du temps

▶ **1. Variez les plaisirs !** Pour tenir 6 heures par jour et 5 jours sur 7, vous devez diversifier les travaux à faire. Ce découpage dynamique du temps vous permettra d'alterner les tâches les plus ingrates ou rébarbatives avec celles qui vous plaisent plus. À ce propos, veillez à programmer les travaux que vous n'aimez pas faire avant les autres.

▶ **2. Fixez-vous des objectifs réalistes** dans le temps imparti. Il est préférable, par exemple, de répondre à 3 annonces par jour tous les jours que d'en programmer 9 et ne pas y arriver (ce qui procurerait un sentiment d'échec). Être régulier dans l'effort est le secret d'une action efficace dans le temps. Évitez à tout prix le yo-yo perpétuel ponctué de montagnes et de dépressions !

▸ **IMPORTANT**

A contrario, **si votre énergie est là et vous permet d'aller jusqu'aux 9 annonces, en tenir quand même compte et répondre à ces 9 annonces !**

▶ **3. Tenez compte de vos biorythmes personnels.** Quelle est la période de la journée où vous vous sentez le plus efficace ? Êtes-vous plutôt du matin ? Du soir ? De l'après-midi ? De la nuit ? En la matière, le temps à passer est votre temps à vous. En recherche, hormis les périodes de présence obligatoire liées aux rendez-vous décrochés, aux prises de contacts (salons, candidatures spontanées, démarchages divers), votre temps vous appartient et si votre efficacité se trouve être dans la zone cible de 22 h 00 - 2 h 00 du matin, profitez de celle-ci comme d'un booster naturel.

▶ **4. Quantifiez le temps de chaque action** en prenant une marge – soit en doublant le temps, soit en ajoutant 30 % à l'estimation initiale : voyez en fonction de votre courbe d'expérience personnelle. Et félicitez-vous si vous êtes plus performant que prévu !

▶ **5. Optez pour la stratégie des petits pas.** Décomposez toujours un objectif en sous-objectifs faciles à réaliser. Exemple : pour l'objectif « réponse à une annonce de recrutement », les « petits pas » à faire sont :

– lister tous les mots clés de l'annonce ;
– pointer dans votre parcours ce qui correspond au besoin exprimé ;
– personnaliser votre CV en adaptant l'accroche et en revoyant l'ordre des compétences citées ;
– répondre à la question « quel est mon projet, quelles sont mes idées pour répondre aux besoins de ce recruteur ? » ;
– rédiger votre lettre de motivation ;
– rédiger votre mail de candidature ;
– avant l'envoi, faire une recherche Internet sur la société pour glaner une ou deux informations supplémentaires ;
– relire l'ensemble des trois documents pour vérifier l'orthographe ;
– procéder aux derniers ajustements ;
– faire un PDF du CV et de la lettre ;
– envoyer la candidature ;

- classer la candidature dans votre tableau de suivi et indiquer dans votre tableau la date à laquelle vous relancerez votre contact ;
- caler une alerte informatique *via* votre agenda électronique sur votre téléphone.

▶ **6. Créez des alertes informatiques dans votre agenda.** Une solution est de créer ces alertes sur votre téléphone mobile, si vous en avez un. Concrètement, cela revient à inscrire par exemple pour mardi prochain à 11 h 30 la note « relancer Mme Barthés/Moulin des Ares ». Le mardi suivant, 15 minutes avant l'heure, vous recevrez une alerte vous rappelant la note. Celle-ci est par ailleurs consultable en tâche planifiée sur votre téléphone. Vous pouvez procéder de la même façon à partir de votre messagerie électronique : quel que soit votre hébergeur de mail (free, hotmail, gmail, yahoo…), celui-ci vous propose une fonction calendrier qu'il est facile d'utiliser pour planifier vos actions et créer vos alertes. Utile : vous pouvez définir une récurrence (c'est-à-dire la répétition) pour certains messages. Par exemple, vous pouvez programmer un message d'encouragement avec des mots choisis, ce même message vous parvenant tous les matins à 9 h 15.

▶ **7. Prenez soin de vous** et consacrez deux temps de plaisir quotidien pour votre esprit et votre corps. Il peut s'agir d'actions que vous faisiez habituellement, mais que vous allez inscrire dans votre emploi du temps de façon volontaire. Ce moment de détente peut être de regarder le journal télévisé du midi, de lire un magazine, un livre, d'accueillir la voisine pour le café, d'écouter une émission de radio, de préparer un plat, de visiter une expo… Idem pour votre entretien physique : sortir pour marcher vingt minutes ou plus, vous accorder un temps de relaxation, pratiquer un sport, une phase de bricolage, un exercice de gym, vous accorder une courte séance de massage avec votre coussin masseur…

▶ **TRÈS IMPORTANT**

Pendant ces temps de plaisir, vous êtes à 100 % dans ce plaisir. Vous ne devez éprouver aucune gêne ni culpabilité à vivre pleinement ces moments-là. Ils sont nécessaires à votre efficacité de recherche d'emploi.

Pendant ces moments, vous êtes injoignable. Cela signifie que vous n'êtes pas devant votre ordinateur et que vous éteignez votre portable. Si vous n'avez pas la possibilité d'organiser vos « séances » en l'absence de vos proches (parents, conjoint, enfants, colocataire…), informez-les de votre besoin de ne pas être dérangé pendant ces moments-là.

Un outil utile pour gérer
vos priorités quotidiennes

Voici une grille d'analyse très utile pour hiérarchiser efficacement vos actions quotidiennes. Qu'est-ce qu'il est important de faire aujourd'hui pour votre recherche d'emploi ? Qu'est-ce qui est urgent ? Est-ce important ou urgent ? L'importance désigne le contenu de ce que vous avez à faire. L'urgence définit si cela doit être fait immédiatement ou peut être reporté plusieurs jours plus tard. Selon votre réponse, vous définirez chaque jour des emplois du temps qui s'inscrivent dans l'action en identifiant quatre types d'actions : « importantes, urgentes », « importantes, non urgentes », « non importantes, urgentes » et « non importantes, non urgentes ».

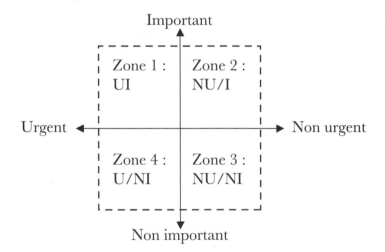

▶ **EXEMPLES**

Vous êtes convoqué à un entretien : le travail à faire est évidemment « important » et « urgent » si cette convocation est à moins de 3 jours – il est une priorité absolue de votre emploi du temps (et peut aussi modifier les anciennes priorités du jour et de la semaine).

Vous devez appeler un ami pour déjeuner avec lui : cette action est sans doute à ranger dans la zone 3, « non important, non urgent ». Déjeuner avec un ami vous aidera à entretenir votre réseau, à rompre votre isolement – et est donc en soi une action à planifier régulièrement – mais n'aura pas en tant que tel un impact fort sur votre recherche d'emploi.

Vous devez répondre à 5 offres d'emploi ciblées que vous avez identifiées. Cette action, de la zone 2 du schéma, est importante et non urgente : même s'il est préférable de la traiter le plus tôt possible, elle peut en effet être gérée avec un délai de 72 heures. Elle ne constitue donc pas une urgence de votre journée.

Vous devez vous inscrire pour le salon des métiers de votre ancienne école et vous avez jusqu'à demain matin pour bénéficier d'un tarif préférentiel : cette action est urgente mais non importante (zone 4 du diagramme).

Le mapping : pour organiser vos journées, semaines et mois

Cette représentation des actions à réaliser est conceptuelle (schéma sans planification de temps) mais va vous aider à ne rien oublier dans les 5 ou 6 grands domaines de votre recherche d'emploi. Il est utile de la réactualiser chaque début de semaine.

▸ Ce schéma (à personnaliser) fonctionne comme un outil de programmation hebdomadaire. La feuille doit être refaite chaque semaine.

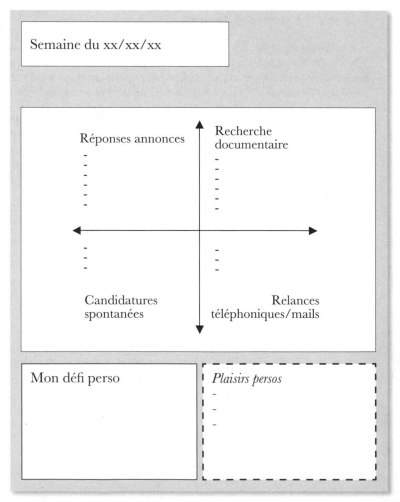

Semaine du xx/xx/xx

Réponses annonces
-
-
-
-
-

Recherche documentaire
-
-
-
-

Candidatures spontanées

-
-
-

-
-
-

Relances téléphoniques/mails

Mon défi perso

Plaisirs persos
-
-
-

Sur cette feuille, actualisez les données en supprimant ce qui a été réalisé la semaine passée et en ajoutant les nouvelles actions et/ou projets. C'est un rendez-vous important de votre semaine. Lorsque vous vous accordez une semaine « off » (soit parce que vous êtes en vacances, soit parce que vous consacrez la semaine à la préparation unique d'un entretien, par exemple), je vous conseille de prendre le temps de ce rendez-vous, soit en rayant l'ensemble de la page en indiquant la mention « préparation à l'entretien xxx », soit en recréant des rubriques spécifiques pour la préparation de ce rendez-vous (voir exemple ci-dessous).

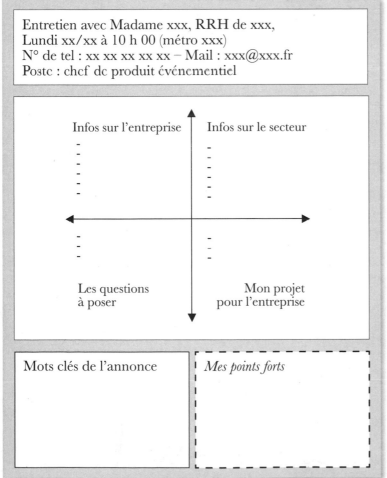

▶ Exemple d'adaptation du schéma à la préparation unique d'un entretien de recrutement.

L'astuce des listes, pour ne rien oublier

Faire la liste chaque soir des tâches à accomplir le lendemain vous aidera aussi à lâcher prise dans la soirée (une fois la liste terminée, votre journée de travail est terminée !) et vous permettra de bien démarrer la journée du lendemain en ayant sous la main un plan d'action précis. Vous pouvez rédiger cette liste sur une feuille de papier ou à l'aide d'un planning sur Excel ou Word. Vous pouvez également, selon votre choix, créer une note téléphonique, ou inscrire vos actions dans un planning électronique ou encore en enrichissant votre schéma mapping.

Ce que vous devez absolument savoir

Les informations qui suivent sont en quelque sorte un « kit de survie », la synthèse minimum qu'il faut savoir pour construire un CV, un mail, une lettre de motivation et préparer et mener un entretien de recrutement. Bien entendu, pour approfondir chaque sujet, et si tel est votre besoin, je vous conseille fortement de vous reporter aux trois guides consacrés à chacun de ces sujets : *CV*, *Lettre de motivation* et *Entretien d'embauche* parus dans la collection « Un coach à vos côtés ! » aux Éditions Prat.

Le B.A.-BA sur les CV

Un CV (ou *curriculum vitæ*, locution latine signifiant « course de la vie ») est le document qui présente votre parcours de vie : expériences professionnelles, formations, niveau en informatique et en langues, centres d'intérêt.

Plusieurs variations sont possibles mais retenez la forme classique suivante qui est adaptable à tout profil, junior, confirmé ou senior :

Modèle de CV

Bloc adresse	**Accroche**

Expériences professionnelles
(rubrique placée avant la formation pour un profil expérimenté)

Formations et langues *(rubrique placée avant les expériences professionnelles pour un profil débutant ou junior)*

Centres d'intérêt

▸ À NOTER

Pour les CV organisés par compétences, la liste des compétences remplace la partie « expériences professionnelles », qui n'est mentionnée qu'ensuite sous un intitulé « périodes professionnelles ». Dans cette partie, vous ne précisez que les dates, les noms des sociétés et les intitulés de fonction.

Bloc adresse

Plusieurs formulations sont possibles, mais le modèle ci-dessous est clair et lisible et peut être utilisé pour tout profil :

Prénom + nom, âge

Situation familiale, nombre d'enfants

Adresse + code postal + ville

☎ : numéro de téléphone/🖱 : adresse mail

> ▸ À NOTER
>
> **Votre adresse mail doit être structurée de la façon suivante : prénom.nom@xxx.fr ou initialedevotreprénom.nom@xxx.fr (ou variantes similaires, sans point, avec un tiret, etc.) mais surtout, évitez l'adresse mail fantaisiste ou encore celle empruntée à un conjoint ou un parent – c'est vous que l'on recrute et non un autre !**

Accroche

Celle-ci doit, en douze mots et trois lignes, résumer votre offre de service pour votre interlocuteur. Cette accroche doit être adaptée à chaque annonce à laquelle vous répondez. Communiquez sur la dominante de votre parcours, votre fonction, un talent particulier, un niveau de langue, une connaissance spécifique, une disponibilité immédiate, votre mobilité toute France ou internationale... Et surtout, reprenez dans cette accroche deux à trois mots présents dans l'annonce de recrutement (= besoins de votre interlocuteur). En faisant ainsi, vous attirerez immédiatement son attention.

> ▸ EXEMPLES D'ACCROCHE
>
> – **Ingénieur système – applications industrielles – 6 années d'expérience**
>
> – **Manœuvre en bâtiment – 1res expériences – polyvalent sur chantier BTP**
>
> – **Rédactrice territoriale – rigoureuse, dynamique – aimant le travail en équipe**
>
> – **Agent de développement social – 48 ans, dynamique, mobile et disponible**
>
> – **20 ans – expériences diverses et polyvalentes – bon sens, implication et dynamisme**

- Assistante commerciale – trilingue anglais et italien – disponible immédiatement
- Assistante administrative et comptable – expérimentée et polyvalente
- Secrétaire médicale expérimentée – cabinets et centres hospitaliers
- Éducatrice spécialisée – 12 ans d'expérience – univers du handicap mental
- Consultant formation – expertise en e-learning
- Responsable de service – maintenance informatique des outils bureautiques
- Assistante administrative – bonne connaissance du milieu scolaire – disponible immédiatement
- Conseiller clientèle – jeune homme dynamique et volontaire – mobile géographiquement
- Assistante de direction trilingue – anglais et arabe – banque et ingénierie informatique
- Journaliste pigiste – *Psychologies magazine, Atout santé, Santé magazine...*
- Chef de produit bilingue – secteur audiovisuel et publicitaire – mobilité internationale
- Opératrice de saisie – bonne maîtrise de l'orthographe – à l'aise avec Word et Excel
- Aide comptable expérimenté – logiciels Sage et Saari Compta – disponible immédiatement

▲ Expériences professionnelles

Commencez par l'expérience la plus récente pour terminer par la plus ancienne. Pour augmenter la lisibilité de cette partie, indiquez tout d'abord les périodes travaillées, puis le nom de la société et enfin l'intitulé de votre fonction. Pour chaque expérience, résumez le contenu de ce que vous avez fait. Une organisation qui fonctionne bien pour les postes à responsabilités : découpez chaque descriptif en trois parties : « missions » (ou objectifs), « actions menées », « résultats ». C'est une façon concrète de relater votre expérience.

▲ Compétences professionnelles (pour les CV par compétences)

Pour cette rubrique, il est utile d'organiser la présentation par grands champs de compétences : administratif, commercial, technique, informatique, langues, financier, comptable, etc. Évitez la liste à la Prévert et limitez les compétences clés à 12 compétences. Au-delà, elles ne seront pas lues et l'on pourra vous reprocher un manque de synthèse (voir comment identifier vos compétences, p. 15).

Formation et langues

Précisez ici vos diplômes. Pour les jeunes diplômés, indiquez les majeures suivies. Si votre école a un acronyme connu de vous seul, précisez-en la signification (par l'exemple, l'ESIAE signifie « École supérieure internationale d'administration des entreprises » et il convient dans ce cas de donner l'exacte signification du sigle).

Pour les langues, il faut préciser votre niveau parlé/lu/écrit, courant, professionnel ou bilingue. Si vous avez un niveau TOEIC (Test of english for international communication) et que celui-ci est flatteur, indiquez-le ! Si vous pratiquez (ou avez pratiqué) cette langue dans votre emploi, dites-le aussi, c'est très important.

Pour l'informatique, précisez votre niveau de maîtrise des logiciels de bureautique (Word, Excel, Powerpoint...) ainsi que tout autre logiciel utile dans l'exercice de votre fonction (logiciel comptable, de programmation informatique, de mise en page, etc.). Soyez précis (mais synthétique) et concret.

Centres d'intérêt

Cette rubrique est plus importante qu'il n'y paraît car un recruteur souhaite connaître ce qui vous anime en dehors du cadre strictement professionnel. Accessoirement, si vous partagez un hobby avec votre futur patron, cela peut créer une connivence qui peut être décisive lors du choix final. Soyez précis : si vous aimez la lecture, précisez de quelle littérature il s'agit (BD, romans, biographies ? auteurs anglais, japonais, américains ? quelle période en particulier ?). Idem, si vous pratiquez un sport : précisez à quelle fréquence ou le nombre d'heures par semaine, indiquez si vous faites des compétitions, quel est votre classement actuel, votre niveau de responsabilité éventuel (capitaine d'équipe, trésorier, président de l'association sportive...). De la même façon, si vous êtes membre d'une association, citez-la et expliquer votre rôle, votre fonction.

CV : comment être certain qu'il soit vu ?

Avant d'être lu, un CV doit avant tout être vu ! Cette évidence prend tout son sens sur Internet où la visibilité des informations obéit à un certain nombre de règles de référencement à observer.

Pour exister sur Internet, je vous conseille tout d'abord d'avoir une démarche très poussée de référencement de votre CV dans toutes les CVthèques existantes qui peuvent vous être utiles : celles des job boards généralistes et spécialisés, CVthèques des entreprises de votre secteur de recherche, CVthèques des cabinets de recrutement et des agences d'intérim. En fonction de votre profil, je vous conseille également de référencer votre parcours *via* un compte Viadeo et un compte LinkedIn (gratuits au premier niveau d'enregistrement). Vous pouvez également, si vous avez des choses à dire, ouvrir un compte Twitter et éditer des tweets qui seront repérés par les acteurs de votre communauté professionnelle. En menant de front ces démarches, vous optimiserez votre visibilité sur Internet et maximiserez vos chances d'être contacté.

Mail de candidature : comment retenir l'attention ?

Vous pouvez opter pour deux formules : soit votre mail de candidature est un mail de motivation (et remplace la lettre de motivation sous Word glissée en pièce jointe), soit votre mail est juste un mail de candidature avec en pièces jointes une lettre de motivation en bonne et due forme et un CV.

La structure suivante peut être utilisée. Votre mail de candidature est un mail de motivation dans lequel vous proposez un projet, une réponse aux besoins exprimés par votre interlocuteur dans l'annonce de recrutement.

Modèle 1 : mail de motivation

Objet du mail : réponse à l'annonce xxx ou candidature spontanée pour un poste de xxx (réf n° xxx) ou accroche spécifique

▶ Dans cette version, seul votre CV est fourni en pièce jointe.

Corps du mail :

Partie 1 : civilités
Partie 2 : acte de candidature
Partie 3 : votre projet pour votre interlocuteur
Partie 4 : votre expérience et vos compétences clés pour le poste
Partie 5 : civilités réduites

Prénom et nom
Téléphone

+

Mini CV (une ligne par descriptif)
2008-2010 : xxxx chez xxxx
2005-2008 : xxxx chez xxxx
2002-2005 : diplôme de xxxx
Anglais : xxxx
Informatique : xxxx

+ PS : vous précisez que votre CV est en PJ

Dans ce modèle, le mail répond à l'annonce en donnant un minimum d'indications sur ce pourquoi vous répondez. L'idée est la même : accrocher l'attention de votre interlocuteur afin qu'il ouvre vos deux pièces jointes (CV et lettre de motivation).

Modèle 2 : mail de candidature

▶ Voici un exemple de structure qui peut être utilisée.

Objet du mail : réponse à l'annonce xxx ou candidature spontanée pour un poste de xxx (réf n° xxx) ou accroche spécifique

Corps du mail :

Partie 1 : civilités

Partie 2 : acte de candidature
Partie 3 : votre expérience et vos compétences clés pour le poste
Partie 4 : précisez que votre CV et une lettre détaillée sont joints à l'envoi

Partie 5 : civilités réduites

Prénom et nom
Téléphone

Lettre de motivation :
comment attirer et être lu ?

L'essentiel à retenir pour attirer l'attention d'un recruteur est tout simplement de répondre à ses besoins. Il doit retrouver dans votre lettre une réponse aux besoins exprimés dans l'annonce de recrutement qu'il a rédigée. Si vous vous contentez de répondre « Bonjour, voilà ce que j'ai fait, rencontrons-nous », cela ne suffit pas. Il faut aller plus loin. Reprenez dans votre lettre les mots clés de l'annonce, citez-les dans votre lettre et répondez aux besoins ainsi exprimés ! Le reste de la lettre est assez conventionnel et, globalement, vous pouvez retenir le modèle suivant.

Bloc adresse
+ téléphone

Adresse + nom de votre interlocuteur

+ Date

Objet : réponse à l'annonce xxx ou candidature spontanée pour un poste de xxx (réf n° xxx)

Corps de la lettre

Partie 1 : civilités
Partie 2 : acte de candidature
Partie 3 : votre projet pour l'entreprise (la réponse à ses besoins) + votre expérience et vos compétences clés pour le poste
Partie 4 : parlez de votre personnalité
Partie 5 : proposez un rendez-vous
Partie 6 : civilités
Partie 7 : prénom et nom

5 actions à mener pour réussir un entretien

Les entretiens de recrutement étant rares (bien souvent, deux à trois par mois sont déjà une très bonne moyenne), préparez chacun très sérieusement. Tout d'abord, retenez que lorsqu'un entretien est décroché, celui-ci doit devenir votre priorité absolue. Mettez vraiment le paquet en termes de disponibilité, de temps de recherche et d'entraînement. Vivez avec ce prochain entretien, ne pensez qu'à lui.

▶ **1. Apprenez tout d'abord à parler de vous.** Connaissez votre parcours et votre CV sur le bout des doigts et entraînez-vous (montre en main) à vous présenter en 30 secondes, 1 minute et 2 minutes. Vous verrez que l'exercice est très formateur.

▶ **2. Soyez ensuite un champion des réponses aux questions !** Pour cela, une seule solution : vous entraîner à répondre (soit seul, soit avec l'aide d'un ami qui jouera le recruteur) aux 100 questions les plus posées en entretien de recrutement (voir liste, p. 159).

▶ **3. Affinez votre projet pour votre interlocuteur :** qu'allez-vous concrètement lui apporter ? Quel projet avez-vous imaginé pour répondre à ses besoins ? En quoi allez-vous lui permettre de développer son business ? Quelle compétence ou quelle connaissance rare va-t-elle vous distinguer des autres candidats ?

▶ **4. Partez à la chasse aux infos utiles :** infos sur l'entreprise, le secteur d'activité, votre interlocuteur : celui-ci a-t-il un profil Viadeo, LinkedIn, un blog personnel ? Est-il intervenu à l'occasion d'une conférence, d'un compte rendu interne ? Internet permet maintenant d'obtenir bon nombre d'informations sur chacun. À ce propos, avez-vous également laissé des traces sur le web ? Faites rapidement une recherche Google pour vérifier ce qui est dit de vous sur Internet car votre interlocuteur aura fait cette vérification… Cela vous permettra d'éviter d'être pris au dépourvu !

▶ **5. Enfin, aménagez-vous des moments de détente et de plaisir** pour être en forme le jour J. C'est un point important de votre préparation. Après une bonne journée de travail, offrez-vous une séance de cinéma, accordez-vous une partie de tennis, allez faire un tour de vélo. Profitez-en pour faire une relaxation quotidienne (voir p. 62), des exercices d'assouplissement (voir p. 63) pendant lesquels vous réviserez mentalement votre présentation en 30 secondes, 1 minute, 2 minutes.

Quand et comment relancer un recruteur ?

Pour une candidature spontanée, relancez par téléphone (le mail ne sera pas efficace) dans les 48 heures qui suivent l'envoi. Cela nécessite qu'avant l'envoi de votre candidature, vous ayez obtenu le nom de votre interlocuteur et que vous ayez ses coordonnées directes, ou à défaut, celles du standard. Pour une réponse à une annonce, vous êtes en droit de relancer votre interlocuteur (ou la boîte mail que l'on vous aura communiquée) environ 15 jours après votre envoi. Une relance par mail sera adaptée. Suite à un entretien, vous êtes en droit de relancer la personne environ 10 jours après l'avoir passé. Dans ce cas-là, une relance par téléphone est préférable, mais le mail est aussi adapté si vous n'avez pas les coordonnées directes de votre interlocuteur.

▸ **À NOTER**

Pour les relances téléphoniques, appelez votre interlocuteur aux meilleurs moments de la journée : entre 8 h 30 et 9 h 30, entre 11 h 45 et 13 h 00 et entre 17 h 30 et 19 h 30. Ces plages horaires sont normalement « libérées » des réunions ou rendez-vous.

Pour les relances par mail, évitez les veilles de jours fériés, de week-end ou de jours RTT (mercredi et vendredi). N'envoyez donc pas votre mail les mardis, jeudi et vendredi en fin de journée ! Si vous souhaitez contacter quelqu'un le matin, évitez d'adresser votre mail la veille au soir car il serait noyé dans la masse des mails reçus entre le soir et le matin. Dans ce cas-là, envoyez-le plutôt vers 10 h 00, une fois que votre destinataire aura traité tous ses mails de la veille.

Pensez à élargir le champ de votre recherche

En suivant un bilan de compétences

Un bilan de compétences est un travail d'identification de vos savoir-faire, réalisé avec l'aide d'un consultant. Sur la base de ce travail, vous serez en mesure d'identifier les autres métiers que vous pourriez exercer. Une démarche indispensable dans le cadre d'un projet de reconversion professionnelle ou de repositionnement de votre offre de compétences.

En poste, vous pouvez bénéficier d'une prise en charge de votre bilan de compétences *via* un congé bilan de compétences et/ou un congé individuel de formation. Vis-à-vis de votre employeur, il s'agit juste d'une demande d'autorisation d'absence si ce bilan se déroule sur des horaires travaillés. Si vous ne voulez pas le déclarer à votre employeur, vous pouvez tout à fait mener ce bilan sur un temps personnel (RTT, congés, temps non travaillé). En ce qui concerne le financement de ce bilan, il faut faire une demande de prise en charge au Fongecif dont vous dépendez (coordonnées sur www.fongecif.com).

Si vous êtes en recherche d'emploi, vous pouvez accéder à un bilan de compétences approfondi (BCA) gratuit, réalisé par un cabinet partenaire de Pôle emploi. Si vous êtes cadre, l'Apec propose les mêmes services. Pour les formalités et les conditions d'accès, contacter directement votre conseiller Pôle emploi. La prestation n'étant pas automatique, faites une demande qui maximisera vos chances de prise en charge.

En faisant le deuil de votre passé professionnel

Accepter que ses compétences ne soient plus tout à fait adaptées aux besoins du marché est l'une des décisions les plus importantes à faire en recherche d'emploi. La difficulté est grande, car cela suppose que nous ayons conscience de l'évolution des besoins du marché du travail. Cela implique aussi que nous acceptions que ce que nous savions faire jusqu'alors ne soit plus adapté aux besoins des employeurs.

Faire le deuil d'un passé professionnel consiste à prendre en compte le fait que rien ne dure, que tout est en évolution constante et qu'il vaut mieux s'adapter que de s'accrocher à un passé révolu. Ce travail de deuil est toujours difficile à faire. Il correspond à la situation du parachutiste dont l'aile à l'ouverture s'emmêle et se transforme en torche. Il lui faut à ce moment précis, s'il veut survivre, se débarrasser du premier parachute (analyse et acceptation de la situation) pour ouvrir le second parachute de secours (action). Pour reprendre cette métaphore, et ces deux étapes « analyse/action », votre travail sera le suivant :

▶ **étape 1, le temps de l'analyse :** comprendre précisément comment les besoins du marché ont évolué et en accepter les nouvelles contraintes ;

▶ **étape 2, le temps de l'action :** tirer les conséquences du constat réalisé et en particulier (par exemple) baisser sa rémunération, accepter un niveau d'engagement plus important, accepter de repartir de zéro, d'apprendre et/ou de réapprendre, perdre ses journées de RTT, travailler plus, être éloigné de son domicile, faire des déplacements plus fréquents, changer de position (de manager à employé par exemple), voir son champ de responsabilités réduit...

Ce travail de deuil est nécessaire pour rebondir lorsque l'on se retrouve dans une impasse. Il implique un travail sur soi, sincère et sans concession. L'aide d'un regard extérieur peut aider (voir « Ressources utiles », p. 169).

En évaluant votre « seuil d'incompétence »

Faire le deuil d'un passé revient à accepter que l'on a atteint son propre seuil d'incompétence – notion illustrée par le fameux « principe de Peter ». Celui-ci stipule que toute activité humaine tend à atteindre plus ou moins rapidement un « seuil d'incompétence ». On peut décrire ainsi une courbe de Gauss décrivant l'évolution des compétences professionnelles dans le temps. L'échelle de temps de cette courbe n'est pas forcément celle d'une vie professionnelle tout entière. Elle peut être lue selon les individus et les situations sur 1 semaine, 1 mois, 1 an, 10 ans, 15 ans, 30 ans…

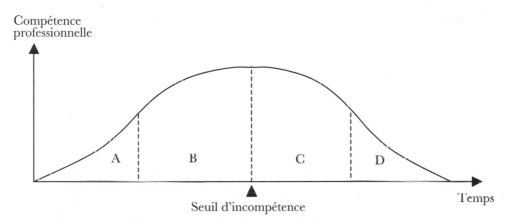

La zone A correspond à une période de fort développement professionnel, d'acquisition croissante d'expériences diverses et de compétences nouvelles. La période B est la même mais en moins dynamique, en gestion plus sereine aussi de son poste. On le développe tout en s'appuyant fortement sur ses acquis. La période C correspond à une période de « roue libre » dans laquelle on se repose un peu fortement sur ses acquis, sur des habitudes de travail, sur des processus établis et peu changeants. Cette période est pauvre en apprentissages nouveaux. La période D est une période sans expérience nouvelle ni enrichissante, voire en restriction de responsabilités et d'intérêt professionnel.

▶ **IMPORTANT**

Comment savoir si nous approchons de la période D ? Lorsque l'on est en poste, les signes avant-coureurs du seuil d'incompétence sont :
– difficulté à faire face à la demande de sa hiérarchie ;
– ennui ;
– non-évolution de son poste ;
– perte d'efficacité dans son travail ;
– absence d'augmentation salariale ;

- augmentation des activités personnelles au bureau (bavardage, surf sur Internet, échanges de mails personnels) ;
- récurrence des tâches à accomplir sans enrichissement ;
- montée des réclamations clients ;
- perte de clients ;
- perte de parts de marché ;
- absence de suivi personnel des évolutions technologiques ;
- résistance anormalement élevée au changement...

En recherche d'emploi, parmi les signes factuels qui doivent vous alerter sur une éventuelle atteinte du seuil d'incompétence (ou de compétences non adaptées aux besoins du marché) :

– descriptifs d'offres d'emploi qui mentionnent des connaissances ou compétences qui ne sont pas (ou plus) les vôtres (évolution d'une technologie, d'un champ de responsabilité, d'un niveau de pratique d'une langue étrangère, etc.) ;

– taux de réponse à vos candidatures anormalement bas (inférieur à 5 %) ;

– entretien de recrutement qui pointe des absences de connaissances ou de compétences au regard des besoins du poste ;

– temps de recherche infructueux supérieur à 24 mois...

Identifier ce seuil de façon factuelle et l'accepter est un travail à faire pour se prendre en main et réfléchir à un élargissement de son champ de recherche.

En passant un concours de la fonction publique

La fonction publique (d'État, territoriale et hospitalière) comprend près de 5 millions de personnes et recrute dans la plupart des cas par le biais de concours. Cette voie de recrutement peut être adaptée à vos objectifs de recherche. Pour en savoir plus sur la nature des postes proposés, le contenu de chaque concours et les dates d'inscription et d'examen, connectez-vous sur le site officiel : www.fonction-publique.gouv.fr.

▶ À NOTER

Certains recrutements se font de façon directe, par voie d'annonces. Je vous conseille donc d'intégrer dans vos alertes mails des critères concernant cette recherche publique. Au besoin, créez un second profil d'alertes.

En créant une activité

La période de crise a fortement stimulé la création d'entreprises, et les activités free lance ou indépendantes arrivent souvent à décrocher des marchés car leurs prix sont moins élevés que ceux d'une PME ou d'une grande entreprise. Une piste à envisager si la voie du salariat vous semble bouchée et si vous avez des compétences expertes reconnues et êtes doté d'un talent commercial minimum (80 % de votre temps y sera consacré au début !). Réfléchissez à l'offre de compétences que vous pourriez proposer aux particuliers et/ou aux entreprises.

Si vous voulez vous lancer sans risque important ni démarches administratives compliquées et coûteuses, pensez au statut d'auto-entrepreneur. Celui-ci permet en quelques clics sur le site officiel www.lautoentrepreneur.fr de vous inscrire et d'obtenir votre numéro Siret pour pouvoir ainsi facturer vos prestations. Vous pouvez aussi envisager de facturer vos prestations *via* une société de portage (qui facture votre client à votre place et vous verse en échange un salaire, vous libérant ainsi de toutes les formalités administratives). Si votre projet est plus conséquent, il faudra envisager la création d'une société. Voir les détails sur le site officiel de l'Agence pour la création d'entreprise : www.apce.fr.

En créant une association loi 1901

Créer une association loi 1901 et vous faire salarier de celle-ci est encore une autre possibilité. Pour financer ce salaire, les ressources de l'association peuvent être multiples : subventions publiques (commune, conseil général, conseil régional, subventions européennes…), subventions privées (entreprises, fondations…), cotisations des membres et recettes issues des ventes. Pour en savoir plus sur les avantages comparatifs des différentes formules : www.apce.com.

En vous formant et en vous remettant à niveau

Identifiez assez rapidement quelles sont les formations et/ou certificats indispensables à votre retour à l'emploi. Je ne parle pas ici des formations généralistes ou de confort mais de celles qui sont demandées par les recruteurs : test d'anglais comme le TOEIC, formation comptable particulière, Bafa (Brevet d'aptitude aux fonctions d'animateur), agrément pour exercer la profession d'assistante maternelle agréée, etc. Si vous constatez que les besoins des recruteurs ont évolué du point de vue des certificats et formations requis, mettez tout en œuvre pour les obtenir. Demandez conseil à votre conseiller Pôle emploi pour leur prise en charge financière.

> **▶ À NOTER**
>
> **Si vous avez une expérience professionnelle sans diplôme, vous pouvez obtenir tout ou partie d'une certification (diplôme, titre à finalité professionnelle ou certificat de qualification professionnelle) *via* le dispositif de la VAE (validation des acquis de l'expérience). Ce dispositif nécessite la constitution d'un dossier. Voir tous les détails sur le portail officiel : www.vae.gouv.fr.**

Et pourquoi pas, en réalisant un défi

Se créer un défi dont les valeurs et le contenu sont des piliers de votre recherche d'emploi est une idée très intéressante. Elle vous donnera un objectif qui vous apportera de nouvelles compétences, vous aidera à structurer vos journées et vous permettra d'avoir une meilleure image de vous-même. Vous pouvez même l'envisager comme une action de recherche d'emploi. Connaissez-vous l'histoire d'Eric Lafforgue ? Licencié en 2008 de sa société après 15 années de bons et loyaux services, il se fixe un défi personnel : celui de faire des photos et d'être publié dans le magazine *National geographic*. Photographe amateur, il investit immédiatement dans un bon appareil photo, fait quelques voyages et reportages photos qu'il met en ligne sur Internet. Résultat : après un vrai succès, il est aujourd'hui un photographe reconnu et vit de sa passion !

> **▶ EXEMPLES**
>
> **Voici quelques exemples de défis apporteurs de compétences, de connaissances et d'estime de soi :**
>
> **– lire l'œuvre d'un auteur ;**
> **– faire une revue de presse quotidienne ;**
> **– apprendre une langue étrangère ;**
> **– prendre un mandat politique ;**
> **– courir le prochain marathon de Paris ;**
> **– s'investir dans l'association des parents d'élèves ;**

- rehausser son niveau d'anglais ;
- participer au Paris-Dakar ;
- devenir un crack sur Word, Excel ou Powerpoint selon ses besoins ;
- ouvrir et animer un blog ;
- devenir professeur dans son ancienne école ou université ;
- reprendre un sport de jeunesse ;
- créer une association loi 1901 ;

- donner des petits cours ;
- fabriquer un meuble ;
- écrire un livre ;
- passer le Capes pour enseigner dans l'Éducation nationale ;
- décrocher un bon score au TOEIC…

(Voir 4 exemples de défis, détaillés étape par étape, p. 145.)

19 activités de transition…
au domicile des particuliers !

Dans le cadre d'une activité à domicile, vous pouvez être rémunéré *via* le chèque emploi service universel (Cesu). Cette piste vous offre dès demain la possibilité d'un travail rémunéré et qui se base sur vos compétences et savoir-faire naturels. L'Urssaf identifie 19 activités couvertes par le champ du Cesu :

Activités effectuées au domicile de l'employeur :

▶ 1. entretien de la maison et travaux ménagers ;

▶ 2. petits travaux de jardinage, y compris les travaux de débroussaillage ;

▶ 3. prestations de petit bricolage dites « hommes toutes mains » ;

▶ 4. garde d'enfant à domicile ;

▶ 5. soutien scolaire à domicile et cours à domicile ;

▶ 6. assistance informatique et Internet à domicile ;

▶ 7. assistance administrative à domicile ;

▶ 8. assistance aux personnes âgées ou aux autres personnes qui ont besoin d'une aide personnelle à leur domicile, à l'exception d'actes de soins relevant d'actes médicaux ;

▶ 9. assistance aux personnes handicapées y compris les activités d'interprète en langue des signes, de technicien de l'écrit et de codeur en langage parlé complété ;

▶ 10. garde-malade à l'exclusion des soins ;

▶ 11. soins d'esthétique à domicile pour les personnes dépendantes ;

▶ 12. maintenance, entretien et vigilance temporaires, à domicile, de la résidence principale et secondaire.

Activités qui s'exercent en dehors du domicile dans le prolongement d'une activité de services à domicile :

▶ 13. préparation des repas à domicile, y compris le temps passé aux commissions ;

▶ 14. livraison de repas ou de courses à domicile ;

▶ 15. collecte et livraison à domicile de linge repassé ;

▶ 16. aide à la mobilité et au transport de personnes ayant des difficultés de déplacement lorsque cette activité est incluse dans une offre de services d'assistance à domicile ;

▶ 17. prestation de conduite du véhicule personnel des personnes dépendantes, du domicile au travail, sur le lieu de vacances, pour les démarches administratives ;

▶ 18. accompagnement des enfants et des personnes âgées ou handicapées dans leurs déplacements en dehors de leur domicile (promenades, transports, actes de la vie courante) ;

▶ 19. soins et promenades d'animaux de compagnie pour les personnes dépendantes, à l'exclusion des soins vétérinaires et du toilettage.

Pour en savoir plus, et notamment sur les formalités administratives (très réduites), contactez votre centre Urssaf ou connectez-vous sur www.cesu.urssaf.fr.

Développez
un mental à toute épreuve

La spirale de la perte de confiance commence pour la plupart des personnes très tôt, dès les premiers mois de recherche. Les causes sont nombreuses et connues : accumulation de réponses négatives (sentiment d'échec), silence des recruteurs (déni d'existence), comportements abusifs de certains (agressions), isolement (repli sur soi), regard critique des proches lorsque le temps de recherche s'allonge (remise en cause de la part de proches que l'on pensait être des soutiens), négligence de son corps (perte de dynamisme) nous renvoyant une image que nous n'aimons évidemment pas, car correspondant à une image dégradée de nous-même...

7 résolutions pour développer
une confiance en vous durable

Ces causes donnent aussi des pistes pour agir et entretenir son estime de soi et sa confiance. En voici 7 concrètes que vous pouvez adopter et adapter selon vos besoins.

▶ **1. Entretenir son corps :** marche, vélo, course à pied, autres sports, exercices d'assouplissement, de musculation, de relaxation... un temps quotidien doit y être consacré ! En faisant ainsi, vous vous donnerez une image dynamique et serez porté vers l'action. Vous apprendrez à aimer votre corps, à le chouchouter ! Celui-ci sera ainsi plus souple, plus tonique et cela se verra. À commencer par les recruteurs lors de votre prochain entretien !

▶ **2. Enrichir sa culture :** mieux comprendre le monde vous permettra d'être plus fort dans vos relations aux autres, d'être plus assuré aussi. Lire des livres (en vous intéressant par exemple à la biographie des auteurs), décortiquer l'actualité (une guerre éclate en Afrique ? Faites une recherche pour comprendre l'histoire des pays en question, l'origine du conflit), être curieux de tout et avoir le réflexe du dictionnaire !

▶ **3. Entretenir sa vivacité d'esprit :** en vous donnant comme objectif l'apprentissage d'un sujet par jour (prendre au hasard une page Wikipédia ou une page de votre dictionnaire). Travailler aussi quotidiennement sa mémoire (se donner par exemple une demi-heure quotidienne pour apprendre un poème, les paroles d'une chanson, un sujet technique, les capitales des pays, un sujet historique, un discours politique…). Autres pistes : apprendre des listes de mots en anglais, travailler des ouvertures au jeu d'échecs, s'inscrire à un club de scrabble, faire une grille de sudoku ou de mots croisés par jour, etc.

▶ **4. Voir du monde :** voisin, ami bienveillant, conseiller emploi, ex-client, ex-fournisseur, ex-collègue, membre d'un club de recherche d'emploi, exposant d'un salon professionnel… Participer à des forums sur Internet, animer un blog ou un compte Twitter… Il est vital de ne pas rester isolé. Vous comprendrez ainsi que vous n'êtes pas tout seul à galérer. Vous disposerez aussi de contacts ressources vers lesquels vous tourner en cas de coup dur, ou tout simplement de personnes à qui parler.

▶ **5. Développer sa résilience :** il est important de vous prendre en main pour développer votre résistance à l'échec et aux différentes agressions (recruteurs, entourage proche, autres personnes). En pleine épreuve, recherchez le soutien social (les personnes qui vous veulent du bien), l'humour (livres, films, amis), la foi (spirituelle, humaniste, autre) et adoptez volontairement une posture dynamique et constructive : après chaque candidature infructueuse, passez à la candidature suivante en y mettant toute votre énergie et toute votre intelligence pour répondre aux besoins de votre nouvel interlocuteur.

▶ **6. Apprendre à se présenter** en 30 secondes montre en mains, 1 minute, 3 minutes. Être imbattable dans cet exercice que vous pouvez maîtriser à la perfection et qui vous aidera à vous sentir bien au démarrage de tout entretien ou de toute occasion où vous êtes amené à vous présenter : entretien téléphonique impromptu, entretien de groupe, entretien classique, entretien à l'occasion d'un salon, d'un job dating, dans un train, lors d'une partie de golf, à une soirée entre amis… Savoir que vous êtes capable de vous présenter facilement en toute occasion développera en vous une confiance solide et durable.

▶ **7. Être incollable** sur les 100 questions les plus posées en entretien d'embauche (voir p. 159). En faisant cet exercice régulièrement, vous serez préparé de la meilleure manière pour réussir vos entretiens. Vous y arriverez en pleine confiance.

Rédigez le récit de vos succès

Nous avons tous dans notre vie des succès marquants, des réalisations personnelles dont nous sommes fiers. Je parle ici d'événements qui sont importants pour nous au moment où nous les vivons. Il ne s'agit pas forcément d'un record du monde ! Seuls votre avis et ce que vous avez éprouvé au moment où vous l'avez vécu comptent. Peu importe le regard des autres.

▶ **EXEMPLES**

Voici quelques exemples de succès personnels (pris parmi des témoignages de proches) :

– **lorsque j'ai maigri de 9 kg, passant de 87 à 78 kg ;**

– **lorsque j'ai découvert mon nom dans la liste des étudiants admis au concours d'entrée de Sciences Po ;**

– **lorsque j'ai gagné le marché ACF, très important pour mon entreprise ;**

– **lorsque j'ai créé ma société ;**

– **lorsque j'ai signé mon premier contrat d'auteur ;**

– **lorsque j'ai lutté contre cette maladie grave et que je m'en suis sorti à force de courage et d'abnégation ;**

– **lorsque j'ai gagné mon premier tournoi de scrabble ;**

– **lorsque j'ai créé une association loi 1901 consacrée à l'enseignement de la sculpture ;**

– **lorsque j'ai reçu le coup de fil m'annonçant que j'étais le candidat retenu (mon premier job !) ;**

– **lors d'une victoire au tennis, alors que j'étais mené 6/4 et 5/1 ;**

– **lors de la naissance de chacun de mes enfants ;**

– **lorsque j'ai vaincu ma peur du vide en accompagnant ma fille sur le parcours d'acrobranches...**

Écrivez dans un carnet (ou un fichier Word) vos moments de vie réussis. Enrichissez-les progressivement de nouveaux succès et relisez-les régulièrement.

Ces moments de vie font partie de nous mais souvent, nous les avons oubliés. Le simple fait de se les remémorer nous permet de réactiver ces ressorts de la confiance et de l'estime de soi, si importants en période de recherche d'emploi.

Pour vous aider à faire votre liste, je vous conseille d'explorer votre mémoire de vie sous plusieurs angles :

▶ **L'angle temporel :** découpez votre vie en tranches de vie. Par exemple : de 0 à 11 ans (la période primaire), de 12 à 15 ans (la période collège), de 16 à 18 ans (la période lycée), de 18 à xx ans (la période étudiante), de xx à xx ans (la période 1er travail), etc. Pour chacune de ces périodes, quels sont vos souvenirs marquants ? Vos « succès personnels » ?

▶ **L'angle des activités thématiques :** en sport avez-vous été fier de quelque chose ? Quels sont vos souvenirs de colonies de vacances ? Avez-vous le souvenir d'une réalisation de type associatif (création d'une association, discours réussi, organisation d'un événement…) ? Vous souvenez-vous de cette pièce de théâtre improvisée devant votre famille et qui vous a valu de longs applaudissements ? En bricolage, vous souvenez-vous d'une réalisation particulièrement réussie ?

▶ **L'angle des lieux de vie :** en y repensant, quels sont les moments forts de votre vie à l'école, dans votre maison de vacances, dans votre lieu d'habitation actuel, dans votre club de sport, à l'université, dans tel pays étranger ?

▶ **L'angle des rencontres humaines :** quelles rencontres vont ont fait éprouver un sentiment de fierté, de réussite ? Est-ce avec un professeur, des amis, un client, un collègue de travail, un fournisseur, un ami de vos parents, un commerçant, un inconnu dans la rue, un président de société, quelqu'un de votre équipe de travail, un colonel lors de votre service militaire… ?

Pour noter vos succès, tout support écrit est bon à utiliser. Vous pouvez choisir une feuille de papier, un petit livret, une longue note sur votre téléphone portable ou une feuille Word sur votre ordinateur. L'idée est que ce support soit facilement accessible de façon à le trouver facilement dès que vous avez une nouvelle idée à noter, un nouveau récit.

Écrivez le journal de vos joies intérieures

Je vous invite à faire un exercice tout à fait réjouissant. Notre vie matérielle nous pousse à oublier les plaisirs simples de notre vie. Un sourire échangé, une attention donnée, une politesse reçue, une sensation de bien-être, une odeur agréable, le goût d'un bon café, la vue d'une scène qui vous fait sourire, un encouragement reçu, un plat qui vous ravit, un exercice physique réalisé à la perfection, le câlin si doux de votre enfant, la vue d'un paysage que vous trouvez magnifique, la lecture d'un livre qui vous émeut, le contact doux et chaud de la couette sous laquelle vous vous glissez…

Tous ces plaisirs sont à votre portée, quelle que soit votre situation matérielle, physique ou psychique. Les noter un par un, après chaque journée passée (fixez-vous un rendez-vous, chaque jour à 20 h 30 par exemple, ou avant votre endormissement) vous placera dans une posture de plaisir et de bien-être immédiats. Vous vous accordez en quelque sorte le droit à ce plaisir vécu. Vous acceptez l'idée que vous pouvez vous faire du bien. Celui-ci est 100 % naturel, gratuit et accessible à tout moment de votre vie. Vous prenez conscience mentalement et physiquement de ces moments de petits plaisirs. Ils n'appartiennent qu'à vous et vont vous permettre de conserver estime de vous-même et confiance, les deux armes absolues pour tenir le coup pendant cette période de recherche d'emploi. Au fait, et si vous commenciez l'exercice dès ce soir ?

Sachez de quoi vous avez besoin

Nous pouvons vivre dans l'insatisfaction, la frustration et le stress sans comprendre pourquoi. Bien souvent, il s'agit de besoins non satisfaits ou insuffisamment satisfaits. Satisfaire vos besoins vous aidera à trouver un équilibre serein et durable. La liste des besoins qui suit vous aidera à identifier les vôtres.

J'ai besoin de…

▶ Acquérir de nouvelles compétences

▶ Aimer les personnes qui m'entourent

▶ Aller jusqu'au bout de mes projets

▶ Apprendre de nouvelles choses

▶ Avoir confiance en moi

► Avoir des loisirs ludiques

► Avoir du plaisir dans ce que je fais

► Avoir du temps pour moi

► Avoir une activité physique

► Briser ma solitude

► Confronter mes idées aux autres

► Créer

► Élargir le champ de mes connaissances

► Essayer quelque chose de nouveau

► Être autonome

► Être en sécurité

► Être leader, conduire les projets

► Être moi-même

► Être présent pour ma famille

► Être reconnu

► Être seul

► Exprimer ma colère

► Exprimer ma peine

► Exprimer mes frustrations

► Exprimer mon talent artistique

► Faire du shopping

► Faire du sport

► Faire l'amour

► Gagner plus d'argent

► M'épanouir dans mon travail

► Manger

► Me concentrer

► Me confier à quelqu'un

► Me détendre

► Me reposer

► Me sentir aimé

- ▶ Me sentir utile
- ▶ Mieux dormir
- ▶ Mieux gérer mes émotions
- ▶ Mieux me connaître
- ▶ Perdre du poids
- ▶ Pleurer pour libérer mes émotions
- ▶ Prendre des risques
- ▶ Prendre du temps avec mes enfants
- ▶ Prendre soin de moi
- ▶ Que l'on me croit
- ▶ Recevoir de la tendresse
- ▶ Relever des défis
- ▶ Rencontrer de nouvelles personnes
- ▶ Rendre service aux autres
- ▶ Renouer le contact avec mes parents
- ▶ Reprendre ma santé en main
- ▶ Rire
- ▶ Trouver du temps pour vivre ma spiritualité
- ▶ Trouver un travail
- ▶ Utiliser mes talents
- ▶ Vivre des moments entre amis
- ▶ …

Pour enrichir ce travail, listez les moments où vous vous sentez (ou vous êtes senti) heureux (voir « Écrivez le journal de vos joies intérieures », p. 53), et identifiez pour chacun quels sont les besoins que vous satisfaisiez en vivant ces moments-là. Posez-vous ensuite la question de savoir comment créer davantage de moments tels que ceux-là.

Constituez-vous
un carnet de référents « spirituels »

Nous avons tous dans notre vécu et dans nos modèles des référents qui nous inspirent. Des personnes à qui l'on aimerait ressembler, qui nous donnent force et énergie, qui nous procurent calme et sérénité, qui suscitent en nous des états bénéfiques… Faire volontairement et régulièrement appel à ces personnes (ou à leur souvenir) permet de disposer à volonté d'une force intérieure qui nous aide au quotidien. *A fortiori* en cas de passage à vide ou de coup dur.

Ces référents spirituels peuvent être des personnes que l'on a rencontrées et qui, à un moment de notre vie, nous ont épaulé, nous ont donné un coup de pouce, ont prononcé ou écrit à notre égard des mots qui nous ont aidé… Les référents peuvent être aussi des personnes qui nous inspirent, par leurs actions, leurs écrits, leurs paroles… Il ne s'agit pas forcément de personnes connues ou qui ont existé (il peut s'agir d'un personnage de roman) mais simplement des hommes ou des femmes dont le comportement nous inspire des pensées et des sensations qui nous aident dans notre vie.

▶ **EXEMPLES**

Quelques exemples de référents spirituels et de dialogues intérieurs associés à ceux-ci (témoignages pris auprès de personnes que j'ai accompagnées) :

En passant devant chez moi, je dis toujours bonjour au garagiste, un ancien ouvrier devenu le patron de l'affaire après avoir travaillé dur pendant vingt ans. J'ai beaucoup de respect pour cet homme qui, à force de travail, a pu reprendre cette affaire et aujourd'hui la faire prospérer. Je pense à lui et j'essaie de m'imprégner de son énergie et de sa force. Cela m'aide et « me remet à ma place » lorsque je me sens un peu faible pour des broutilles…

Stanislas

Je repense à une phrase de ma femme après que j'ai lu un texte à la messe, un dimanche : « Tu as très bien lu. On sent que tu as l'habitude de parler en public. » Cette phrase m'a fait beaucoup de bien sur le moment. Elle a eu un effet miroir apaisant et rassurant sur l'un de mes talents. J'y pense souvent et cela me fait du bien.

Simon

Je relis régulièrement un roman qui m'a marqué : Les Piliers de la Terre, *de Ken Follett, une œuvre romanesque au temps du Moyen Âge et des bâtisseurs de cathédrales. Ce roman, riche en itinéraires croisés, dresse notamment le portrait d'hommes et de femmes exemplaires qui ont su prendre en main leur destin et leur parcours. Même s'il s'agit d'un roman, sa lecture m'aide lorsque je traverse des périodes de découragement...*

Chloé

Je conserve sur moi la photo de ma grand-mère qui est une référence forte. Femme de culture et de convictions, elle m'a toujours encouragé dans mes actions et a été à mes côtés lorsque j'ai eu besoin d'elle. Et lorsque le moral n'est pas au beau fixe, je prends sa photo avec moi et un bien-être m'envahit aussitôt...

Noémie

Je me souviens d'une phrase que m'avait dite une responsable des ressources humaines d'une ancienne boîte pour laquelle j'ai travaillé : « Tu sais ce qui est bon pour toi et cela t'aidera toujours à faire les bons choix. » Cette phrase m'aide aujourd'hui à tenir le cap dans mon projet de reconversion professionnelle.

Aurélien

15 croyances importantes pour mieux vivre les moments difficiles

Je vous propose ici 15 pensées que je crois utiles et bénéfiques dans le cadre d'une recherche d'emploi (mais aussi dans le cadre de la vie tout court). Faites votre choix. Retenez celle ou celles qui vous paraissent adaptées à votre situation, celles qui ont une certaine résonance avec vos valeurs. Enrichissez-les d'idées fortes personnelles et utiles pour vous.

Croyance	Cela me ressemble	Cela me ressemble moins	Comment pourrais-je l'appliquer ?
1. Plus je fais d'efforts, et plus mes chances de succès sont importantes.			
2. Plus je me tourne vers les besoins de mon interlocuteur et mieux je serai entendu.			

Croyance	Cela me ressemble	Cela me ressemble moins	Comment pourrais-je l'appliquer ?
3. Je fais des erreurs mais cela n'est pas grave. Je me concentre aussitôt sur les actions à venir.			
4. Mes interlocuteurs font des erreurs. J'apprends à ne pas les juger et concentre mon énergie, mes talents et mon projet pour répondre à leurs besoins.			
5. Je ne m'inquiète pas plus que nécessaire car tout problème a sa solution. Je concentre alors mon énergie sur ce qui peut être changé et j'apprends à laisser immédiatement de côté ce qui ne peut pas l'être.			
6. Je décide de voir le côté positif, les enseignements constructifs de chaque situation.			
7. Je décide de vivre pleinement tous les moments de bonheur (si petits soient-ils) de ma journée.			
8. Je prends la décision dès aujourd'hui de me parler avec bienveillance. D'utiliser des mots apaisants et bénéfiques.			
9. J'accepte de faire glisser tous les bruits qui produisent anxiété et dépression. Je m'entoure de gens bienveillants et me concentre sur les actions concrètes et constructives qui me mèneront au succès.			
10. Je sais par expérience que rien ne dure : les moments plaisants comme les ennuis. Je décide de raccourcir le temps de déplaisir en mettant tout en œuvre pour trouver une solution.			

Croyance	Cela me ressemble	Cela me ressemble moins	Comment pourrais-je l'appliquer ?
11. J'accepte l'idée que je ne peux pas changer les personnes ni les situations qui s'imposent à moi. Je peux en revanche changer le regard que je porte sur elles, ma façon d'y réagir. Et trouver ainsi avantage et enseignement dans tout ce qu'il m'est donné de vivre.			
12. Là où va mon attention va mon énergie. Concentrer mon attention sur des pensées positives et constructives m'aidera chaque jour à libérer cette énergie positive et ce courage qui sont en moi. Cette croyance m'aidera à me relever et à aller mieux, à aller de l'avant.			
13. J'accepte le fait que mon moral dépend de ma condition physique et je suis attentif à mon alimentation. Je pratique une activité physique quotidienne et fais ce qu'il faut pour favoriser mon sommeil.			
14. J'accepte le fait que mon physique dépend aussi de mon moral. Je décide aujourd'hui de me prendre en main : recherche active en respectant les conseils de ce livre, intégration dans mon emploi du temps de moments quotidiens de plaisirs personnels.			
15. J'apprends à me féliciter pour chaque action réussie, pour chaque étape franchie, si minime soit-elle. J'apprends à devenir mon meilleur ami.			

◀

Entretenez votre forme physique

« U n esprit sain dans un corps sain » : l'idée n'est pas nouvelle, et a fait ses preuves. Une bonne santé physique permet d'aborder le quotidien avec plus de confiance, alors préservez votre sommeil et inspirez-vous des exercices suivants de relaxation et de respiration active. Il s'agit de privilégier des moments de détente pendant lesquels vous prenez soin de vous. Ils vous permettront de retrouver votre énergie et votre dynamisme, et surtout, de garder une bonne forme physique et un bon mental !

En améliorant la qualité de votre sommeil

Voici quelques astuces qui pourront vous aider à réapprendre à dormir paisiblement. Avant toute chose, et une fois au lit, dites-vous qu'à cet instant précis de votre journée, le plus important au monde est de vous endormir paisiblement, profondément, sereinement. Le reste n'a aucune importance. Assumez pleinement cette pensée, égoïste en apparence mais essentielle pour votre santé. Répétez-vous cela chaque soir.

Parmi les actions à privilégier, évitez les dîners lourds et les prises d'excitants (café, thé, boissons caféinées type Coca-cola) en fin de journée. Pensez aux tisanes. Une grande variété existe et l'effet bénéfique des plantes est reconnu sur la qualité du sommeil.

Autres pistes : prendre une douche un tout petit peu plus froide que d'habitude et régler la température de la chambre sur 18 °C environ. Supprimez de votre chambre les matériels « éveillants » : télévision, radio, ordinateur portable et téléphone mobile. Pratiquez une séance de relaxation courte dans votre lit (voir p. 141) et/ou des exercices respiratoires (voir p. 67) en y associant des phrases bénéfiques (voir p. 151). Soyez à tout moment à l'écoute de votre corps et, dès les premiers bâillements, filez au lit ! Troquez la séance télé (surtout s'il n'y a rien qui vous intéresse !) par une séance de lecture dans votre lit, et éteignez dès les premiers signes de fatigue.

Au moment où vous éteignez la lumière, adoptez la position qui est la plus confortable pour vous. Il n'y a en la matière pas de position idéale, celle-ci étant propre à chacun. Celle qui vous convient est la meilleure ! Au besoin (bruits venant de la rue, des voisins, de votre conjoint), appliquez des bouchons auditifs, vendus en pharmacie, et pourquoi pas un masque pour vous isoler de toute source lumineuse.

Pensez à créer un ancrage favorable. Associez à un objet une sensation de détente, une pensée. Par exemple : « Bien dormir est la chose la plus importante au monde en ce moment précis. » (Voir p. 139).

Si vous vous réveillez la nuit, ne vous énervez surtout pas et, au contraire, accueillez avec bienveillance ce réveil et attendez sereinement la nouvelle phase d'endormissement (couché, votre corps se repose).

En pratiquant la relaxation

Se relaxer signifie placer son corps et son esprit dans une situation de détente profonde. Cette technique est particulièrement adaptée si vous êtes d'un naturel anxieux, *a fortiori* à l'approche d'un entretien. Elle est efficace aussi pendant les périodes de surmenage ou de stress important. Elle peut se pratiquer une à plusieurs fois par jour, comme une activité à part entière faisant partie de votre hygiène de vie.

Allongez-vous sur votre lit ou asseyez-vous confortablement dans un fauteuil ou dans votre canapé. Pour calmer votre esprit, restez tranquillement dans cette position et faites quelques respirations profondes. Vous pouvez fermer les yeux si cela vous aide à mieux ressentir vos sensations intérieures (fermer les yeux présente l'avantage de bloquer tout stimulus visuel). Respirez bien par le ventre, puis par les poumons et remontez jusqu'aux épaules. Bloquez votre respiration 3 secondes puis relâchez le tout. Faites cet exercice 5 fois puis, quand vous vous sentez prêt, commencez votre relaxation (voir p. 141).

Le temps de relaxation est propre à chacun. En faisant cet exercice régulièrement, vous augmenterez votre efficacité et votre plaisir. Au début, il est possible (et même probable !) que vous ayez du mal à maintenir votre attention. Surtout, persévérez ! Soyez patient et vous constaterez une amélioration à chaque séance.

Cet exercice de relaxation est aussi conseillé lorsque vous vous mettez à « gamberger », à ressasser des idées noires… La concentration sur toutes les parties de votre corps vous permettra en effet de stopper le flot de vos pensées négatives pour les recentrer sur une activité calme et agréable.

En pratiquant des exercices doux et stimulants

Je vous propose ici une panoplie de 15 exercices physiques à la fois d'assouplissement et de renforcement musculaire pour vous maintenir en forme. Vous pouvez aussi associer à chaque exercice une pensée bienfaisante, faire appel à des valeurs qui sont importantes pour vous, telles que (par exemple) le courage, la combativité, le goût de l'effort…

Si cela vous est agréable, vous pouvez mettre de la musique pendant la durée des exercices. Pour augmenter votre confort, procurez-vous un tapis de sol épais et confortable.

◣ Exercices d'assouplissement

▶ Jambes croisées

Position : verticale, jambes tendues et croisées (le pied droit est à gauche du pied gauche), mains le long du corps.

Exercice : penchez-vous en avant en descendant lentement vos mains vers le sol. Laissez dans un premier temps le poids de votre corps faire le travail. Puis, en fonction de votre souplesse, descendez le plus bas possible (les jambes restent tendues et croisées pendant tout l'exercice). Maintenez la position quelques secondes, le temps de détendre l'arrière de vos cuisses. Recommencez l'exercice en alternant la position des jambes.

▶ Dos plat-dos rond

Position : debout, les jambes légèrement écartées, les bras en l'air et les genoux très légèrement pliés.

Exercice : descendez les bras vers le sol, en maintenant le dos bien plat, sans forcément toucher le sol. Une fois en bas, arrondissez le bas du dos pour remonter le buste très progressivement en déroulant le dos vertèbre par vertèbre jusqu'à retrouver une position verticale. Répétez l'exercice 10 fois.

▶ Fesses-talons

Position : à genoux sur le tapis de sol, votre corps repose sur vos tibias et le dos de vos pieds, vos fesses étant « assises » sur vos talons. Votre dos est bien droit et vos mains posées sur vos cuisses ou le long de votre corps.

Exercice : ressentir l'assouplissement progressif des muscles de vos cuisses, vous concentrer sur les zones de résistance et les détendre progressivement en déplaçant volontairement le poids de votre corps (un peu plus en arrière, sur le côté gauche, en avant…).

Astuce : cet exercice est très bénéfique au réveil, avant de prendre votre douche. Il permet de reprendre contact avec son corps qui s'éveille et procure un réveil musculaire doux et en pleine conscience.

▶ La roulade

Position : allongez-vous sur le dos, les jambes recroquevillées sur le buste.

Exercice : roulez vers l'arrière puis vers l'avant afin de ressentir un massage du bas du dos. L'amplitude du mouvement est à adapter à vos sensations.

▲ Exercices de musculation

▶ Pompes

Position : horizontale, mains posées à plat sur le tapis de sol, dos bien droit (ne pas le courber ni le creuser).

Exercice : plier les avant-bras (un petit peu au début, puis augmenter l'amplitude lorsque vous serez habitué), puis tendre les bras. Important : pendant chaque séquence, le dos doit rester bien droit et dans l'alignement des jambes. Répéter l'exercice autant que vous le pouvez mais sans aller trop au bout de vos forces.

Astuce : faire cet exercice avant chaque démarrage de journée et visualiser les actions que vous allez faire.

▶ **Gainage bas du dos**

Position : horizontale, et votre corps est parallèle au sol, appuyé sur les avant-bras et la pointe des pieds. Important : pendant tout l'exercice, votre dos est bien plat.

Exercice : tenez 10 respirations (moins au début, car l'exercice est difficile si vous n'y êtes pas habitué – mais vous le verrez, vous progresserez très rapidement). Passez ensuite au gainage latéral droit, puis gauche (voir ci-dessous). Reprenez cet exercice.

Astuce : pendant cet exercice, pensez à 3 valeurs qui vous aident chaque jour (concentration, sens de l'effort, combativité…).

▶ **Variante : gainage latéral (gauche et droit)**

Position : horizontale, le plan de votre corps est perpendiculaire au tapis. Vous vous appuyez sur l'avant-bras gauche et le bord extérieur du pied gauche, le pied droit reposant sur votre pied gauche. Votre corps est bien droit, du buste aux jambes et forme un plan incliné par rapport au tapis de sol.

Exercice : tenez 10 respirations, puis passez au gainage latéral droit (même position mais sur l'avant-bras droit et le pied droit), puis au gainage bas du dos (voir l'exercice précédent).

▶ **L'alphabet**

Position : verticale, debout, les jambes légèrement écartées, vous tendez vos bras devant vous, parallèles au sol.

Exercice : formez avec vos mains les 26 lettres de l'alphabet. La main gauche dessine la lettre « A » en même temps que la main droite la dessine de son côté. Et ainsi de suite jusqu'à la lettre « Z ». En fonction de votre forme, vous pouvez faire une demi-série, une série entière, plusieurs séries !

Astuce : en faisant cet exercice au réveil, revisitez votre programme de la journée. Si vous faites cet exercice le soir, pensez aux bons moments de la journée. Autre astuce : remplacez les lettres de l'alphabet par les lettres de mots signifiants pour vous.

▶ **Le Crunch**

Position : assis sur votre tapis, coincez vos pieds sous un meuble (lit, commode, armoire…), fléchissez les genoux.

Exercice : mains derrière la nuque, et bas du dos arrondi, descendez lentement votre buste vers le bas puis remontez lentement vers le haut. Faites une série de 10 séquences.

Remarque : c'est un très bon exercice d'abdominaux, et vous pouvez augmenter progressivement l'amplitude du mouvement au fil des séances. L'important est de ne pas forcer sur les lombaires et de bien ressentir la contraction musculaire abdominale.

Variante : le Crunch oblique. Au lieu de remonter tout droit, remontez 5 fois vers le genou gauche puis 5 fois vers le genou droit.

▶ Le vélo

Position : allongé sur le dos, les jambes relevées à 90 degrés.

Exercice : pédalez en avant en faisant des mouvements amples. Faites 15 mouvements, puis pédalez en arrière de la même façon.

Remarque : très bon exercice pour renforcer les abdominaux sans forcer. Si vous avez le dos sensible, placez vos mains sous les fesses afin de ne pas cambrer le bas du dos.

▶ Pour muscler les jambes

Position : « à quatre pattes », s'appuyer sur les avant-bras et la face antérieure des tibias.

Exercice : levez une jambe parallèle au sol et faites des battements lents vers le sol et remontez à l'horizontale. 10 mouvements en « pied fléchi » pour faire travailler l'arrière de la jambe, puis 10 mouvements en « pied pointe » pour faire travailler l'avant. Puis changer de jambe.

Variante : même position, même exercice, mais la cuisse parallèle au sol et le genou plié à 90 degrés.

Je vous conseille, lors de votre première séance, de tester tous ces exercices et de choisir parmi ceux-ci 2 exercices d'assouplissement et 2 exercices de musculation que vous ferez régulièrement. En fonction de votre forme, de votre envie et de votre temps, augmentez le nombre d'exercices peu à peu. Mais n'oubliez pas que le plus important n'est pas le temps passé mais la régularité des séances.

Si vous souhaitez varier les exercices ou vous investir plus, reportez-vous à la rubrique « Ressources utiles » (p. 171) et découvrez un lien vers des vidéos vous expliquant aussi les muscles qui travaillent et les bénéfices attendus.

Enfin, n'oubliez pas que le bien-être physique passe aussi par une alimentation équilibrée, riche en fruits et légumes et sucres lents (riz, pâtes, semoule, pommes de terre…) et limitée en protéines et en graisses. Elle sera votre alliée et vous permettra d'être en forme durablement.

En pratiquant
des exercices de respiration active

Respirer, c'est vivre ! La respiration permet en effet de diffuser l'oxygène dans les cellules de notre corps. Bien respirer, c'est donc entretenir son corps et son esprit. Se concentrer sur la respiration est un moyen très efficace pour chasser les idées noires, pour arrêter quasiment immédiatement une rumination trop présente. Respirer nous permet également de provoquer un massage interne très puissant. En effet, le gonflement des poumons fait descendre le diaphragme (muscle horizontal qui sépare les poumons des intestins et autres viscères), massant ainsi une zone particulièrement sensible aux tensions lors des phases de stress. Respirer profondément permet ce massage bénéfique. Pour bien visualiser ce mécanisme, je vous conseille d'ailleurs de regarder dans un dictionnaire ou sur Internet comment s'articulent les poumons, le diaphragme et les intestins. Vous comprendrez ainsi mieux comment se fait ce « travail intérieur » et vos exercices seront réalisés efficacement. Voici 6 exercices respiratoires, que vous pouvez pratiquer en position assise ou debout, à inclure dans votre hygiène de vie : pratique quotidienne, avant un entretien pour vous décontracter, pendant un trajet (assis dans une voiture, un bus, un train…), avant votre coucher pour vous détendre, etc.

▶ Exercice n° 1 : respiration gonflée

À l'inspiration (par les narines), gonflez votre ventre (c'est une image, le ventre se gonflant uniquement sous la pression du diaphragme, lui-même compressé par l'air qui entre dans les poumons). Une fois que vous pensez que votre ventre est gonflé, retenez l'air pendant 3 à 5 secondes, puis expirez. Reprenez le cycle une dizaine de fois.

▶ Exercice n° 2 : respiration complète

C'est le même que l'exercice précédent mais une fois votre ventre gonflé à bloc, complétez l'inspiration en insufflant encore de l'air dans le haut de vos poumons (votre ventre se contractera légèrement). Retenez l'air de 3 à 5 secondes, puis expirez. Reprenez le cycle une dizaine de fois.

▶ Exercice n° 3 : respiration expirée

Variante des exercices 1 et 2 : une fois l'expiration terminée, chassez de vos poumons les derniers cm^3 d'air (et de dioxyde de carbone !) en contractant vos muscles abdominaux (ceux présents au niveau de votre ventre). Maintenez les muscles ainsi contractés pendant 2 à 3 secondes. Reprenez le cycle une dizaine de fois.

▲ Exercice n° 4 : respiration visuelle

Visualisez le chemin parcouru par l'air inspiré, puis expiré. Le trajet à visualiser (aidez-vous d'un schéma que vous trouverez facilement sur Internet ou dans un dictionnaire ou encore dans un livre sur le corps humain) : l'air entre par les narines, passe au fond de la gorge, s'introduit dans la trachée (tube qui relie la gorge aux poumons), puis dans les bronches et les bronchioles et enfin les alvéoles pulmonaires des poumons. Au niveau de ces alvéoles, l'oxygène passe dans le sang et est acheminé vers les différents organes et muscles du corps. Dans l'ordre exactement inverse, c'est le dioxyde de carbone (Co_2) qui est expiré. Reprenez le cycle autant de fois que vous le jugerez plaisant ou nécessaire.

▲ Exercice n° 5 : respiration marchée

Lorsque vous marchez dans la rue ou lors d'une promenade dans un milieu naturel, inspirez par exemple sur 5 pas, puis expirez sur 3 pas (réglez vous-même ce nombre de pas qui doit être adapté à votre corps). Concentrez votre attention sur le nombre d'inspirations et d'expirations. Cela vous permettra de respirer pleinement et de trouver calme, sérénité et concentration. Vous chasserez pendant la durée de l'exercice toute pensée parasite, tout stress. Utile, par exemple, lorsque vous vous rendez à un rendez-vous important.

▲ Exercice n° 6 : respiration chiffrée

Dans cet exercice, que je trouve très efficace pour retrouver immédiatement calme et sérénité, vous allez passer en revue le plus de chiffres possible. Fermez les yeux, puis visualisez les chiffres 1, 2, 3, 4, 5... et faites glisser votre respiration sur chacun d'eux. Concrètement : inspirez en dessinant mentalement le chiffre « 1 », expirez en dessinant le chiffre « 2 », inspirez en dessinant le chiffre « 3 »... et allez le plus loin possible ! Pour vous aider au début, vous pouvez dessiner sur une feuille chacun des chiffres et respirer en ayant ces chiffres sous les yeux.

En choisissant un sport à votre image

Les sports nous permettent d'entretenir à la fois notre corps et notre mental. L'idée est avant tout de trouver une discipline qui vous plaît et qui répond à vos besoins : développer votre goût de l'effort, vous apporter calme et sérénité, affiner votre silhouette, renouer avec l'esprit de compétition, développer une confiance en vous durable, développer votre capacité de concentration, développer une tonicité musculaire perdue, concourir à entretenir votre goût pour la compétition, développer votre estime de vous, etc.

Vous pouvez d'ailleurs profiter de cette période de recherche pour prendre des cours, vous inscrire à des compétitions, faire de nouvelles rencontres, perdre du poids, voire réaliser un défi !

Demandez dès cette semaine à votre mairie (ou consultez sur Internet) la liste des activités proposées sur votre commune. Et si vous ne trouvez rien qui vous intéresse, élargissez votre recherche aux villes voisines !

Appuyez-vous sur des ressources « extérieures »

La recherche d'emploi est un combat qui se pilote seul mais avec le soutien de personnes aidantes et bienveillantes.

En vous constituant votre réseau de soutiens

Se constituer un réseau de soutiens, c'est s'entourer de personnes d'horizons divers, vous apportant chacune un conseil ou une aide qui vous poussent à l'action.

▲ Soutien familial

Il s'agit de votre cercle familial immédiat (c'est-à-dire qui partage votre quotidien) : parents, conjoint, enfants. Vous êtes à leur contact tous les jours et ils représentent souvent votre première source de soutien. Mais celui-ci n'est pas acquis *a priori*. Il va falloir le construire et l'entretenir ! Pour cela, montrez votre dynamisme pour retrouver un travail, jouez le rôle qui est le vôtre au sein de votre cellule familiale (celui de conjoint, de parent, d'enfant si vous êtes chez vos parents…) et saisissez toutes les occasions pour faciliter la vie de chacun. Votre recherche d'emploi est bien évidemment prioritaire mais surtout, ne tombez pas dans le piège (classique) de penser que vous êtes celui qui doit être au centre de toutes les attentions, au point de ne plus rien faire dans la maison, de devenir « le malheureux » dont on doit s'occuper. Ce serait un très mauvais calcul qui mènerait assez rapidement à une situation de rejet de la part de votre entourage. Vous n'y avez aucun intérêt. De soutiens, vos proches peuvent assez rapidement devenir des sources de tensions, de pressions. Vos forces doivent rester intactes pour retrouver un job, alors chouchoutez votre entourage !

▶ Soutien institutionnel

Pensez à vous faire aider : votre premier soutien est votre conseiller Pôle emploi. N'attendez pas tout de lui (il sera la plupart du temps débordé) mais prenez tous les bonus qu'il pourra vous apporter : un contact auquel vous n'aviez pas pensé, une offre que vous aviez ratée, une idée de formation, une intermédiation pour vous inscrire à un atelier filmé de simulation d'entretien, l'info d'un salon emploi régional qui se tiendra prochainement dans la ville voisine, le bénéfice d'une nouvelle prestation, etc. (voir la liste des 35 mesures d'accompagnement qui vous sont proposées, p. 73).

▶ Soutien associatif

Si vous êtes plutôt isolé, je vous conseille fortement soit de rejoindre une association de recherche d'emploi (voir p. 74), soit de créer un groupe. Pensez aux réseaux associatifs qui aident bénévolement les personnes en recherche d'emploi. Certains réseaux nationaux, tels que « Solidarités nouvelles face au chômage », existent (voir p. 175) mais bien souvent, des associations locales proposent également des accompagnements personnalisés et les coordonnées sont disponibles en mairie. Pensez aussi à vous adresser à une mairie voisine si le réseau associatif de votre commune ne propose pas ce type d'accompagnement. À ne pas oublier non plus, si vous avez le statut cadre : vous pouvez bénéficier d'un accompagnement personnalisé *via* l'Apec.

En tirant le meilleur parti
de votre conseiller Pôle emploi

Votre conseiller Pôle emploi est l'interlocuteur qui vous permettra d'accéder à bon nombre de formations gratuites pour dynamiser votre recherche d'emploi. Le dispositif d'accompagnement comprend en effet 35 prestations différentes : 4 prestations d'accompagnement, 3 prestations d'évaluation et 28 ateliers de recherche d'emploi. Voici la liste des prestations proposées et quelques conseils de bon sens pour obtenir le suivi que vous souhaitez.

▲ Les 4 prestations d'accompagnement

Ces prestations vous proposent un appui personnalisé avec un conseiller ou un consultant pour votre recherche et votre projet professionnel.

▶ 1. Cible emploi

▶ 2. Le bilan de compétences approfondi

▶ 3. La stratégie de recherche d'emploi (STR)

▶ 4. La mobilisation vers l'emploi (MVE)

▲ Les 3 prestations d'évaluation

Ces prestations évaluent votre situation par rapport à une offre d'emploi ou à un secteur d'activité.

▶ 1. L'évaluation en milieu de travail (EMT)

▶ 2. L'évaluation préalable à la création ou reprise d'entreprise (EPCRE)

▶ 3. L'évaluation des compétences et des capacités professionnelles (ECCP)

▲ Les 28 ateliers de recherche d'emploi

Ces 28 ateliers thématiques couvrent un champ très large de la recherche d'emploi.

▶ 1. Préparer un entretien d'embauche

▶ 2. Simuler un entretien d'embauche

▶ 3. Réussir votre intégration dans l'entreprise

▶ 4. Vous familiariser avec les épreuves de sélection

▶ 5. Communiquer par votre image

▶ 6. Cibler vos entreprises

▶ 7. Rédiger une lettre de réponse à une petite annonce

▶ 8. Comprendre et sélectionner les petites annonces

▶ 9. Trouver des offres et y répondre

▶ 10. Trouver des offres pour un public spécifique et y répondre

▶ 11. Utiliser le téléphone dans votre recherche d'emploi

▶ 12. Faire le point sur les atouts et les difficultés de votre recherche d'emploi

▶ 13. Mettre en valeur vos savoir-faire et vos qualités

▶ 14. Utiliser Internet pour votre recherche d'emploi

▶ 15. Travailler dans un autre pays

▶ 16. Mon CV pour un public spécifique

▶ 17. Rédiger un curriculum vitae

▶ 18. Organiser sa mobilité selon le marché du travail

▶ 19. Organiser votre recherche d'emploi

▶ 20. S'organiser pour travailler à l'étranger

▶ 21. Organiser votre projet de création ou de reprise d'entreprise

▶ 22. Créer votre entreprise : pourquoi pas ?

▶ 23. Travailler à l'étranger : pourquoi pas ?

▶ 24. Se préparer à la validation des acquis de l'expérience

▶ 25. Vérifier votre projet professionnel et préparer sa réalisation

▶ 26. Identifier vos atouts pour votre projet professionnel

▶ 27. Rechercher et choisir votre formation

▶ 28. Rechercher des informations pour mieux connaître un secteur d'activité ou un métier

▶ **IMPORTANT**

Certaines prestations (qui sont dans la plupart des cas déléguées à des prestataires extérieurs) n'ont pas de caractère automatique et leur attribution peut varier en fonction de critères locaux et de considérations budgétaires.

En intégrant ou en créant un club de recherche d'emploi

Chercher à plusieurs, c'est avant tout ne plus être seul. C'est aussi pouvoir échanger sans tabou sur ses difficultés, évoquer ses coups de blues, sans honte et sans peur. Le groupe fonctionne donc comme une ressource. Libérer la parole est aussi important. Cela permet de libérer les tensions intérieures, de se décharger des agressions subies. Chercher en groupe permet aussi de bénéficier à volonté du regard critique mais bienveillant d'autres personnes. Utile lorsque vous refaites votre CV, que vous souhaitez avoir un regard sur votre nouvelle lettre de motivation ou encore lorsque vous souhaitez vous entraîner la veille d'un entretien de recrutement ! Ce réseau de groupe est aussi un réseau social très utile qui vous ancre dans la vie et évite l'isolement. Prendre un petit déjeuner, échanger sur tout et rien par téléphone, faire une marche ensemble, partager un restaurant ou une séance de cinéma… Autant de moments conviviaux à partager et qui soutiennent le moral chaque jour.

Pour bénéficier des ressources d'un tel groupe de recherche, deux solutions s'offrent à vous.

▶ **Soit vous intégrez un groupe existant.** Ces groupes sont généralement connus de votre agence Pôle emploi ou du service social de votre mairie.

▶ **Soit vous constituez vous-même ce groupe**, avec des proches dans la même situation. Celui-ci est intéressant à partir de deux personnes. Vous pouvez décider d'une ou de plusieurs réunions hebdomadaires, autour par exemple d'un déjeuner ou d'un café (pris à tour de rôle chez les uns et les autres). À vous de voir ce qui vous convient le mieux.

En trouvant du soutien auprès des associations locales

Certaines associations d'aide à la recherche d'emploi existent localement. Si tel est le cas, votre mairie ou votre conseiller Pôle emploi les connaît. En fonction de leurs moyens humains, techniques (locaux, vidéo…) et financiers, ils pourront vous proposer un accompagnement personnalisé, des simulations d'entretiens de recrutement (filmés s'ils disposent d'une ressource vidéo), des réponses concrètes à vos questions, l'accès à certains réseaux, etc. Si aucune structure n'existe dans votre commune, pensez à demander à la mairie voisine.

▶ **À NOTER**

Certains réseaux nationaux existent, comme celui de « Solidarités nouvelles face au chômage » (www.snc.asso.fr). Dans tous les cas, demandez les contacts utiles à votre mairie et à votre conseiller Pôle emploi et contactez-les sans plus tarder !

En sachant vers
qui vous tourner quand vous allez mal

Si votre état est dépressif (moral en berne, perte de volonté, perte d'appétit, nuits sans sommeil…), je vous conseille d'en parler tout d'abord à votre médecin. Il sera de bon conseil pour vous proposer un traitement ou vous orienter vers le bon professionnel. Si votre besoin concerne un soutien moral car vous êtes en phase de détresse, vous pouvez aussi vous adresser aux équipes pluridisciplinaires du réseau « SOS amitié » qui font un travail bénévole remarquable. Vous pouvez leur soumettre votre besoin par mail (réponse sous 48 heures), par tchat (réponse plus rapide mais à certains horaires de la semaine) ou, bien entendu, par téléphone (réponse immédiate). Pour accéder à toutes les informations utiles, et notamment aux coordonnées téléphoniques en fonction de l'endroit où vous vous trouvez : www.sos-amitie.org.

D'autres associations existent et peuvent être contactées en fonction de votre besoin : Suicide Écoute (01 45 39 40 00), La Porte Ouverte (0800 21 21 45), Cap Écoute (04 72 33 34 35), Fil Santé Jeunes (0800 235 236), SOS Homophobie (01 48 06 42 41), SOS Violences (0810 55 55 00), Jeunes violence écoute (0800 202 223), SOS femme battues (3919).

Chacune de ces associations vous propose une écoute bienveillante et éclairée. En fonction de votre situation, et si vous avez besoin d'être accompagné par un professionnel, elles sauront vous aiguiller vers le type d'accompagnement qui vous convient.

Mes réponses à vos questions

> Toutes les questions qui suivent m'ont été posées par des personnes en recherche d'emploi. Par leur caractère concret, elles me permettent de vous donner des réponses pratiques et ciblées sur vos besoins. ▶

Organiser efficacement son temps de travail

Comment gérer mon emploi du temps sur la journée, la semaine, le mois, le trimestre ?

Un certain nombre d'outils vous sont donnés dans ce livre (voir p. 21). Pour une gestion quotidienne, utilisez la liste faite la veille en fin de journée. Pour une gestion hebdomadaire, je vous recommande la gestion Mapping (voir p. 25). Pour une gestion plus longue, ayez aussi recours à l'agenda électronique et programmez-vous des rendez-vous (déjeuners, salons…) et des alertes (relances de recruteurs). Relisez régulièrement votre « grille de planning dynamique » (voir p. 133) pour être certain de ne rien oublier.

J'hésite à prendre 6 mois sabbatiques, le temps de faire un bilan, de me reposer un peu… Est-ce judicieux ? Comment organiser ce temps ?

Cela est judicieux si vous avez un besoin psychique ou physiologique de faire un break. Sauf cas exceptionnel, je vous conseille cependant de limiter ce break à une période de 30 jours. Au-delà, vous risquez de perdre trop de temps à démarrer votre recherche. Évitez aussi de « zapper » les périodes habituelles de fort recrutement : septembre/octobre et janvier/mars.

Je suis plutôt du soir et travaille mal le matin. Comment changer cette habitude ?

Beaucoup de tâches n'ont pas besoin d'être réalisées sur les horaires de disponibilité habituelle (9 h 00-19 h 00). Si vous travaillez bien le soir… continuez à bien travailler le soir ! La seule limite à ce raisonnement est de conserver une disponibilité raisonnable dans la tranche horaire 9 h 00-19 h 00. Si vous vous couchez tard, vous pouvez ainsi et sans souci démarrer votre journée à 11 h 00, si vous êtes présent le reste du temps.

Comment concevoir des emplois du temps qui me poussent à l'action ?

Je vous ai décrit 7 clés pour mettre en place des plannings efficaces (voir p. 21). Je pense que la plus importante est celle qui consiste à varier les tâches quotidiennes. Structurez votre journée en la décomposant en plusieurs actions limitées dans le temps. Enchaînez les tâches variées et félicitez-vous à chaque fois que vous estimez en avoir terminé une. Rayez sur votre liste la tâche accomplie et prenez plaisir à voir cette liste « se noircir » au fur et à mesure.

Certaines journées, je n'ai plus envie de rien… Comment lutter contre ce que mes proches qualifient parfois de paresse ?

Ces moments de découragement sont tout à fait naturels et concernent tout le monde. Je vous conseille alors de lâcher prise complètement et de faire tout à fait autre chose et, surtout (c'est le secret) sans aucune culpabilité : allez chez le coiffeur, préparez un super repas pour votre famille, offrez-vous une escapade à la mer, une séance de massage chez le kiné, allez au cinéma avec votre conjoint, visitez une expo, inscrivez-vous à un tournoi de tennis, prenez 3 journées entières pour faire un break en refaisant la peinture de la buanderie (et faites plaisir à votre femme qui vous le réclamait depuis plusieurs mois…), décidez d'être dispo un peu chaque jour pour votre ado qui a besoin de soutien dans ses études… En vous accordant ces pauses « pour vous et les autres » vous rechargerez les batteries, ferez aussi plaisir à votre entourage et retrouverez votre énergie pour reprendre votre recherche.

Je suis mal organisé pour effectuer les relances téléphoniques ou par mail. On m'a parlé d'alerte informatique pour remédier à cela. Comment les mettre en place ?

De façon très simple à partir du moment où vous avez une connexion Internet. Plusieurs solutions existent mais la plus simple selon moi est d'utiliser la fonction « Gestion des tâches » du calendrier de votre messagerie électronique (hotmail, gmail, free, yahoo…). Sur hotmail, l'écran se présente comme cela :

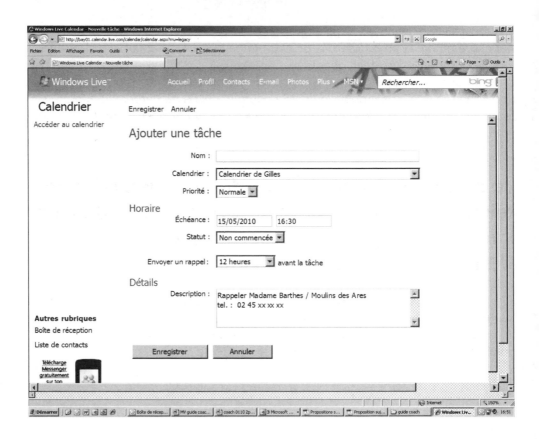

Vous définissez ainsi une date et une heure de relance et pouvez y associer le texte de la tâche à réaliser. Par exemple : « Relancer Monsieur Drouart de SCP au 01 48 xx xx xx ». Ce travail est à faire après chaque candidature. (Pour savoir à quel moment caler cette date et cette heure, selon qu'il s'agit d'une candidature spontanée ou d'une réponse à une annonce, voir p. 39.) Le jour J et à l'heure que vous aurez fixée, vous recevrez un mail d'alerte avec toutes les bonnes infos pour relancer votre interlocuteur !

De nature très sociable, je supporte mal l'idée d'être enfermée chez moi toute la journée… Comment faire pour m'organiser ?

Équilibrez votre recherche en y incluant des moments d'échange avec des tiers ! Membres d'une association sportive ou de parents d'élèves, anciens collègues, anciens clients ou fournisseurs… Fixez-vous l'objectif de structurer votre temps en organisant par exemple au moins deux déjeuners par semaine. Si vous êtes isolée, pourquoi ne pas consacrer une partie de votre temps aux échanges sur Internet ? Forums, chats, blogs, tweets… les ressources ne manquent pas ! À vous de trouver le bon média pour vous exprimer et échanger avec d'autres. À ne pas oublier : les contacts avec vos proches, enfants, parents, amis. Vous pouvez aussi profiter de cette période pour retrouver le chemin de la proximité avec ceux qui vous sont chers. Cette « ressource humaine » est importante pour tout un chacun, et encore plus pour vous qui avez besoin de ces échanges humains.

En ce moment, je ne vois aucune annonce qui me correspond ! Je suis très stressé par cette situation. Comment occuper utilement ce temps ?

Je vous invite à profiter de ce temps pour vous questionner sur l'élargissement de votre offre. Vos compétences ne peuvent-elles pas être utiles dans un autre métier ? Un autre secteur d'activité ? À un autre niveau de responsabilités ? Vos critères de recherche ne sont-ils d'ailleurs pas trop précis et ne vous ferment-ils pas des portes ? Profitez aussi de cette période pour ouvrir votre champ de vision. Créer son activité, se former, se remettre à niveau, occuper un emploi transitoire, changer de statut ou de niveau de rémunération, passer un concours, donner des petits cours ou proposer ses services au domicile des personnes, reprendre des études, réaliser un défi « apprenant »… (Voir les détails de ces pistes p. 145.)

J'ai un entretien dans 4 jours. Dois-je tout concentrer sur celui-ci ou au contraire ne pas mettre tous mes œufs dans le même panier et continuer à prospecter ?

Un entretien de recrutement est une denrée rare. Cela ne signifie pas qu'il faut arrêter toute recherche, mais il est clair que la préparation de celui-ci devient votre priorité absolue pendant les 96 prochaines heures ! Potassez le site de l'entreprise, renseignez-vous sur son actualité (nouveaux produits, investissements, déclaration à la presse…) et sur ses concurrents (qui sont-ils ? Comment se positionnent-ils ?). Disséquez à nouveau le texte de l'annonce et rodez votre discours sur ce que vous pouvez apporter à l'entreprise. Repassez votre parcours au crible des 100 questions les plus posées (voir p. 159). Selon vos besoins, aérez-vous, faites du sport, relaxez-vous en visualisant votre entretien qui se déroule parfaitement, favorisez votre sommeil (voir p. 61). Repérez bien sur mappy.fr le trajet à faire le matin de l'entretien et prévoyez d'arriver en avance.

Ma formation commence dans 5 mois. Comment organiser ce temps d'attente ?

L'obtention de cette formation suspend en quelque sorte le temps dans votre recherche… Plusieurs solutions s'offrent à vous et dépendent vraiment de votre situation personnelle. Vous pouvez choisir de partir en congés, de potasser le sujet de votre formation, de laisser de côté votre recherche d'emploi pour réaliser un défi personnel, de vous autoriser à prendre un job alimentaire pour financer une partie de la formation… Cette formation n'est peut-être pas vitale ? Vous pouvez alors renforcer vos démarches de recherche d'emploi (votre état d'esprit sera un peu différent puisque vous savez que cette formation vous attend). Selon vos besoins, à vous de voir quelle orientation donner à ces 5 mois.

Je donne des cours de maths à des élèves de 5e tous les mardis et j'ai peur que cette indisponibilité m'empêche de prendre des appels importants. Dois-je répondre au téléphone si l'on m'appelle pendant ce temps de cours ?

Je vous conseille plutôt d'être à 100 % à l'écoute de la personne à qui vous donnez des cours et de rappeler votre interlocuteur lorsque vous aurez terminé. Pendant ce temps de cours, éteignez votre portable. Si un recruteur vous a appelé, c'est que vous l'intéressez. Le rappeler une ou deux heures après ne vous fera pas rater le poste. Vous pourrez au contraire justifier votre indisponibilité en expliquant que vous étiez en entretien.

J'ai une fâcheuse tendance à remettre au lendemain ce que je peux faire aujourd'hui. Comment puis-je corriger cette attitude ?

Je vous conseille de varier les tâches, de commencer par les plus ennuyeuses pour terminer par celles qui vous plaisent (comme une récompense) et d'ancrer chacune dans la réalité en décomposant chaque action en une suite de petits pas à réaliser. (Pour vous y aider reportez-vous à la grille de planning dynamique, p. 133, et aux conseils p. 21). À noter : *a contrario*, il est aussi utile, voire nécessaire, de faire des pauses de temps en temps. Lâcher prise et ne rien faire pendant une journée ou deux peut aussi être une solution pour repartir plein d'énergie les jours suivants.

▲

Acquérir les bons réflexes

Vaut-il mieux répondre à plein d'annonces ou me concentrer sur celles qui me paraissent les plus porteuses ?

Cette question est cruciale et à la base de l'efficacité de votre recherche. Votre priorité absolue : répondre aux besoins de votre interlocuteur en faisant une analyse de ceux-ci (texte de l'annonce + infos glanées sur leur site web + infos glanées *via* Google) et en construisant à chaque fois une réponse personnalisée (mail + lettre + CV qui doivent être adaptés à chaque réponse). En faisant ce travail, vous réaliserez que vous n'avez pas le temps de répondre à des centaines d'offres par jour ! La réponse à votre question est donc de répondre au plus grand nombre possible d'offres mais de façon personnalisée. Selon votre secteur, votre métier et votre parcours, il pourra s'agir d'une réponse tous les cinq jours ou bien de cinq réponses par jour !

Je vis à la campagne et n'ai pas spécialement de réseau qui puisse m'aider. Comment remédier à cela ?

Vous pouvez rejoindre un groupe (activité sportive, artistique, associative…). Vous pouvez initier la création d'une activité qui vous fera rencontrer du monde :

création d'une association, d'un événement (proposez vos services gratuits à la mairie – vous aurez des ressources et rencontrerez du monde qui pourra vous aider). Vous pouvez aussi utiliser le réseau Internet. Vous avez accès *via* des forums, des blogs, des tchats à la possibilité de vous exprimer, de converser avec des gens, d'échanger des informations utiles sur des centres d'intérêt, sur votre recherche d'emploi. Parmi les forums intéressants sur la recherche d'emploi, notez celui de l'association « Solidarités nouvelles face au chômage » : www.snc.asso.fr.

Je n'ai pas d'ordinateur chez moi. Est-ce gênant de continuer à envoyer des courriers manuscrits et de joindre une copie de mon CV ?

Oui, car le besoin des recruteurs est de réceptionner les candidatures sous la forme d'un envoi par mail (ce qui leur facilite le travail de lecture, de tri et d'archivage) et, comme toujours, votre démarche première est de répondre aux besoins de vos interlocuteurs. Oui aussi, car l'envoi de candidatures par courrier est coûteux. Le calcul est vite fait : à raison d'un coût unitaire de 0,60 euro par courrier et d'une cinquantaine de candidatures par mois, le coût mensuel (30 euros) est celui d'une connexion illimitée à Internet.

Je n'ai pas Internet chez moi et je me sens isolé, déconnecté… Comment trouver une solution ?

Il est prioritaire que vous trouviez une solution rapidement car 100 % des offres d'emploi qui ne sont pas en approche directe passent par Internet. Demandez à votre conseiller Pôle emploi un accès aux ordinateurs mis à disposition, si ceux-ci existent. Demandez aussi à votre mairie (ou à une commune voisine, quitte à vous déplacer deux journées entières par semaine) un accès à la salle informatique ou à celle d'une association locale d'aide aux chômeurs. Vous pourrez aussi sans doute profiter d'une formation sur mesure. Certaines mairies sont très dynamiques en matière d'aide aux personnes en recherche d'emploi et proposent des solutions aux plus démunies. Renseignez-vous.

Je décroche des rendez-vous mais j'échoue à chaque fois en entretien : comment savoir ce qui cloche ? Je n'arrive jamais à avoir le retour des recruteurs !

Premier point : ni votre CV ni votre lettre ne sont en cause. Bien souvent, un recruteur choisit le meilleur candidat sans que les qualités et compétences des autres ne soient remises en cause particulièrement. Si la situation se répète, peut-être survendez-vous votre parcours dans votre CV et votre lettre ? Peut-être êtes-vous trop émotif et passez-vous mal en entretien ? Il est en tout cas impératif que vous ayez un retour objectif sur votre façon de vous présenter. Pour cela, deux solutions existent : soit vous demandez à des proches de confiance de vous faire passer un entretien de recrutement factice (mais cela suppose qu'ils aient un minimum de compétence et de liberté de parole pour vous faire un retour objectif). Soit vous demandez à votre conseiller Pôle emploi de bénéficier de l'atelier « Simuler un entretien d'embauche ». Pour les cadres, le même type de prestation est proposé par l'Apec. Vous pouvez également obtenir ce service (entretien simulé + vidéo) *via* une association locale de recherche d'emploi. Renseignez-vous auprès de votre mairie. Pour les jeunes de 16 à 25 ans, une prise en charge par la mission locale peut également être envisagée.

J'ai du mal à me juger, à savoir quelles sont mes qualités : comment avoir une vision objective et m'appuyer dessus pour rebondir ?

Je vous conseille de vous appuyer sur des situations vécues réussies et d'en déduire les qualités et talents associés. Dans votre précédent job, vous vous occupiez avec facilité des courriers de votre patron ? Vos qualités sont donc sans doute et notamment des qualités d'écoute, de synthèse, d'organisation, de diplomatie. Vos compétences : aisance rédactionnelle, orthographe impeccable, expertise dans l'utilisation des logiciels bureautiques. Autre piste possible d'évaluation : demandez à votre entourage quelles sont, d'après eux, vos trois qualités et vos trois compétences principales. Je vous invite aussi à faire le test de personnalité gratuit du site www.mareussite.com qui est un test assez fin basé sur un questionnement actif. Le résultat est assez bluffant, vous verrez (voir comment faire ce test, p. 174).

Je pense que mes prétentions salariales sont trop élevées mais je ne sais pas comment le vérifier...

La façon la plus efficace est de consulter une centaine d'offres d'emploi concernant votre champ de recherche et de voir quels sont les niveaux de rémunération proposés. Vous évaluerez ainsi le niveau de marché du moment. Pensez aussi à interroger votre association d'anciens élèves ou encore des professionnels du recrutement (cabinet RH, agence d'intérim...). Autre solution : référez-vous aux enquêtes annuelles diffusées dans la presse magazine. Les magazines *Capital*, *Management*, *Stratégies*, *Le Point*, *L'Express* publient en effet régulièrement des études de salaires sur les fonctions. Dernière solution (à croiser avec les trois premières) : consulter les évaluations faites par certains sites tels que www.cadremploi.fr, www.salaire-net.fr ou encore www.people-base-cbm.com.

Comment retrouver les coordonnées téléphoniques et mails directes d'un recruteur que je veux contacter ?

Plusieurs solutions s'offrent à vous. Pensez tout d'abord à faire une recherche *via* le site Internet de l'entreprise. Parfois, certaines coordonnées directes sont indiquées. Vous pouvez également passer par le standard téléphonique de l'entreprise (que vous trouverez facilement *via* les pages jaunes sur Internet ou sur le site Internet de l'entreprise) ou, mieux encore, composer un numéro de téléphone décliné. Par exemple, si le standard est le 01 46 xx xx 10, composez le 01 46 xx xx 11 et dites : « *Bonjour, ah excusez-moi, j'ai dû me tromper, je cherchais à parler à Monsieur xxx de la part de xxx, il vient de me laisser un message... J'ai dû mal noter son numéro de poste, pourriez-vous me le redonner, s'il vous plaît ?* » Si cela ne fonctionne pas avec ce numéro, essayez le 01 46 xx xx 12 puis le 01 46 xx xx 13, etc. jusqu'à obtenir la bonne information.

Une autre façon qui peut également fonctionner : tapez dans Google les prénom et nom de votre interlocuteur ainsi que les mots « téléphone » et/ou « mail » ou encore « courriel ». Autre solution pour l'adresse mail : vous avez déjà dû remarquer que dans une entreprise, les mails sont tous structurés de la même façon. Il vous suffit alors de connaître une adresse mail (que vous pouvez retrouver sur le site Internet de l'entreprise par exemple) pour recomposer celle de votre interlocuteur. Exemple : vous recherchez le mail de Jacques Maréchal (votre interlocuteur) et vous avez relevé sur le site Internet de l'entreprise que l'adresse mail de l'attachée de presse (souvent publique) est g.hebert@xxx.fr. Vous pouvez donc en déduire sans vous tromper que le mail de votre interlocuteur est j.marechal@xxx.fr !

Est-ce vraiment utile d'être présent sur les réseaux sociaux (Facebook, Viadeo, LinkedIn, Twitter) ?

Facebook est un réseau social plutôt tourné vers les relations personnelles. Ma réponse sera donc non. Viadeo et LinkedIn, en revanche, peuvent être utiles, tout simplement parce qu'ils vous offrent une visibilité supplémentaire sur deux réseaux qui sont investis par les recruteurs. Ceux-ci font des recherches directes sur ces sites et sont susceptibles de vous contacter *via* l'adresse e-mail que vous aurez laissée sur chacun d'eux. Vous pourrez aussi vous inscrire à des alertes d'offres d'emploi, recevant ainsi les offres déposées par les recruteurs sur ces réseaux. Concernant Twitter, l'objectif est différent puisque sur ce réseau, vous êtes émetteur d'informations (les « tweets ») que vous diffusez sur votre page Twitter. Si vous êtes un expert d'un sujet en particulier, il peut être tout à fait pertinent de créer un compte (gratuit) et de publier vos informations. En faisant ainsi, votre expertise sera vue et lue. Vous générerez des abonnements à vos tweets et serez ainsi visible auprès de certains recruteurs qui investissent aussi le champ de ce réseau social pour repérer des profils bien spécifiques. Sans expertise ni pertinence particulière, je vous déconseille en revanche de « tweeter », car ce n'est pas toujours un bon pari que de rendre publique une partie de soi trop personnelle (mais bien visible) sur Internet.

Qu'est-ce que le test TOEIC ?
Est-ce utile de le passer pour les postes
nécessitant la pratique de l'anglais ?

Le TOEIC (Test of english for international communication) mesure de façon objective et reconnue par les recruteurs votre compétence en anglais écrit et oral. Il est basé sur l'anglais pratiqué dans le monde des affaires, du commerce, de l'industrie et de la diplomatie. Ce test est composé de deux parties : 100 questions à choix multiples (QCM) de compréhension orale (photos, questions-réponses, conversations, textes auditifs) et 100 autres questions (QCM) de compréhension écrite (phrases incomplètes, textes à compléter, compréhension de textes écrits). Pouvoir indiquer un bon niveau de test TOEIC sera beaucoup plus convaincant pour un recruteur qu'un simple « lu/écrit/parlé » !

En cas de réponse négative, est-ce utile
de revenir vers mon interlocuteur,
et si oui, comment ?

Oui dans 100 % des cas, car les informations collectées vous permettront d'être plus efficace et plus précis la fois suivante. Si vous avez passé un premier entretien, vous obtiendrez ces précisions sans trop de difficultés. Si le recruteur ne veut pas s'exprimer sur le sujet, n'insistez pas.

Comment tirer le meilleur parti
de mon conseiller Pôle emploi ?

Considérez votre conseiller Pôle emploi comme un membre à part entière de votre réseau. Montrez-lui que vous en voulez. Expliquez-lui vos démarches pour vous en sortir. Faites-en un allié. Réalisez aussi que la qualité de votre relation pourra favoriser l'obtention de telle ou telle information ou formation. À ce propos, je vous rappelle que les prestations proposées par Pôle emploi comprennent potentiellement 28 ateliers ciblés (voir p. 73). Pour vous donner toutes les chances d'obtenir le suivi souhaité, montrez votre motivation et l'intérêt que tel ou tel accompagnement ou atelier aura sur votre retour à l'emploi. Pour chaque demande, rédigez un argumentaire en remplissant les 5 items suivants : 1) mon objectif, 2) les actions à réaliser, 3) le planning prévisionnel de mes actions, 4) l'accompagnement identifié (atelier n° xx, prestation xxx) et 5) les bénéfices attendus de cet accompagnement sur mon retour à l'emploi. En faisant ainsi, vous justifiez pleinement (et de façon factuelle) votre demande et mettez toutes les chances de votre côté pour décrocher ce suivi.

Mes moyens financiers sont très limités et je ne peux pas me payer d'ordinateur, ni d'abonnement Internet. Quelles solutions s'offrent à moi ?

Sans connexion à la maison, et sans possibilité de mobiliser des aides de vos proches (prêt d'un ordinateur, par exemple), demandez à votre conseiller Pôle emploi un accès aux ordinateurs de l'agence dont vous dépendez. Renseignez-vous aussi auprès de votre mairie (ou d'une commune voisine) pour connaître les lieux d'accueil, type cyberespaces. Bien souvent, lorsque ces lieux existent, la cotisation annuelle est modique et en tant que chercheur d'emploi (muni d'une attestation Assedic), vous aurez un accès à coût réduit, voire gratuit.

▲

Gérer sereinement les silences, les absences des recruteurs

Dois-je systématiquement relancer mon interlocuteur ? Et comment ?

Oui, trois fois oui ! Pour une candidature spontanée, relancez par téléphone dans les 48 heures suivant votre envoi. Pour une réponse à une annonce, relancez sous une dizaine de jours, par mail ou par téléphone. Pour les relances par mail, évitez les mercredis et les vendredis, ainsi que les lundis matin. Pour les relances téléphoniques, la contrainte est moindre (pas de jour interdit en soi), mais préférez les tranches horaires suivantes : 8 h 00-9 h 30, 11 h 30-13 h 00 et après 18 h 00, jusqu'à 19 h 30.

Cela fait 1 mois que j'ai envoyé ma candidature spontanée. N'est-ce pas inutile de relancer ?

Premier point : ne laissez jamais 1 mois s'écouler sans relance. Si vous êtes néanmoins dans cette situation, je vous conseille de faire une double relance : une par mail dès aujourd'hui et une autre par téléphone dans les 48 heures qui suivent ce mail.

Après avoir relancé par mail une première fois, comment interpréter un nouveau silence ?

Si ce silence est supérieur à 15 jours, vous pourrez considérer votre candidature comme infructueuse. Rien ne vous empêche cependant de retenter votre chance, au moins pour obtenir des infos sur les raisons qui ont poussé ce recruteur à ne pas retenir votre candidature. Ces infos vous seront utiles pour vos prochaines candidatures. Optez dans ce cas pour une relance téléphonique.

Je ne suis jamais contacté par les cabinets de recrutement. Est-ce normal ?

Oui, si vous n'avez fait aucune démarche pour rendre votre profil visible : CV enregistré dans leurs CVthèques (à ce propos, leur avez-vous envoyé votre CV ?), CV enregistré dans les principales CVthèques de job boards (celles de Pôle emploi, de l'Apec…), ouverture de comptes Viadeo et LinkedIn, coordonnées actualisées dans l'annuaire des anciens de votre école… Il est également normal de ne pas être contacté par les cabinets de recrutement si votre métier et/ou fonction ne vous prédispose pas à être recruté par de telles structures.

Les recruteurs ne répondent jamais à mes candidatures et je suis un peu découragé… Comment gérer les émotions négatives qui me submergent ?

Vous êtes comme 100 % des personnes en recherche d'emploi. Les recruteurs ne répondent quasiment jamais aux candidats non présélectionnés car ils n'ont ni le temps ni les moyens (humains et financiers) de le faire. Ne considérez pas qu'il s'agit d'un jugement de valeur car dans la très grande majorité des cas, un recruteur retient le candidat idéal à ses yeux sans que les qualités des autres ne soient particulièrement remises en cause. Concentrez votre énergie sur les offres suivantes. Appliquez-vous à maximiser vos chances en ciblant toujours plus vos candidatures, en adaptant vos CV et lettres aux besoins exprimés par les recruteurs. En faisant ainsi, vous serez plus souvent convoqué en entretien.

En entretien, mon interlocuteur a 40 minutes de retard. Quelle attitude avoir vis-à-vis de lui ?

Restez poli, souriant et ne manifestez aucune gêne. S'il ne s'excuse pas, faites comme si de rien n'était. S'il s'excuse, dites que vous comprenez tout à fait, que cela n'est pas grave. Recentrez-vous immédiatement sur votre présentation, le poste, les besoins de votre interlocuteur et sur votre offre de service pour y répondre.

Mon interlocuteur m'a précisé qu'il me rappellerait sans faute avant mardi soir, or nous sommes mercredi 18 h 00. Que faire ?

Prenez l'initiative de le rappeler immédiatement. Prenez sur vous et évitez tout jugement ou toute remise en cause. Votre appel a pour unique objectif de savoir où votre interlocuteur en est de sa procédure. Soyez pro, ouvert et dynamique dans le ton employé : « *Bonjour Monsieur Jouanneau, Clément Chevalier à l'appareil. Je fais suite à notre entretien de lundi dernier, à la suite duquel nous avions prévu de nous recontacter. Avez-vous pu avancer dans votre recrutement ? Pouvez-vous me dire quelle est la suite du processus… ?* »

Être plus fort dans sa tête

Comment rester positif alors que tout va de mal en pis ?

Vaste sujet que celui que vous abordez ! Je crois sincèrement que nous pouvons adopter une posture qui nous permet de voir dans chaque situation un élément d'encouragement, quelque chose de positif et de constructif. Si cela va vraiment mal, ne restez pas seul et faites-vous accompagner. Voyez par exemple s'il n'existe pas dans votre ville ou à proximité une antenne du réseau « Solidarités nouvelles face au chômage ». Ils accompagnent des personnes en recherche d'emploi (voir p. 175). Si vous avez moins de 25 ans, faites-vous accompagner par la mission locale, qui fait généralement un travail formidable. Voyez aussi auprès de votre mairie si elle n'a pas connaissance d'une association locale d'aide aux personnes en recherche d'emploi.

Je ne m'accorde aucun plaisir car je culpabilise… J'ai le sentiment de ne pas le mériter tant que je n'aurai pas retrouvé un travail. Comment surmonter cela ?

Dites-vous que ces temps de plaisir sont nécessaires à votre équilibre et à l'efficacité de votre travail de recherche. Dites-vous que ces moments sont comme une prescription médicale. Sans eux, vous ne tiendrez pas le coup. Vous parlez de mérite ? Organisez donc ces moments en récompense de moments de travail réussis. Vous avez atteint votre objectif de la matinée d'envoyer 3 candidatures spontanées ? Récompensez-vous en vous accordant le feuilleton de 14 h 00 qui vous tient à cœur ! Vous avez eu le courage de relancer chacune des 6 entreprises chez qui vous aviez postulé ? Bravo ! Pour vous féliciter, allez jouer sans aucune culpabilité cette partie de tennis avec votre ami !

Je passe par des périodes très oppressantes, stressée par ma situation, ne trouvant plus le calme ni la sérénité… Comment faire pour gérer ces moments difficiles ?

Ces moments sont inévitables lorsque le temps de recherche est long. Dans les moments extrêmes, il n'y a pas grand-chose à faire, sinon de lâcher prise et de reprendre votre travail lorsque le pic de la crise est passé. Dans cette situation, faites complètement autre chose. En fonction du sujet et de votre situation, cela peut prendre la forme d'une sortie solitaire (pour faire un jogging, une marche) ou d'une sortie entre amis (au cinéma !). Cela peut aussi être un week-end en amoureux ou un break plus long d'une semaine dans votre maison de campagne. Cela peut être l'occasion de réaliser un projet personnel : rendre visite à un parent éloigné (et retrouver des souvenirs d'enfance), faire du bricolage (et réaliser quelque chose d'utile pour la maison) ou un stage de peinture (pour vous aérer, voir du monde), participer à une compétition de golf (et vous donner un temps complet de préparation, même si cela doit vous prendre plusieurs jours), etc.

Je traverse une période très compliquée sur le plan personnel… Comment arriver à me concentrer à 100 % sur mes recherches ?

Symboliquement, dissociez le temps nécessaire au règlement de vos soucis de celui dédié à votre recherche. Utilisez un planning qui identifie clairement ces temps. Au besoin, adoptez un système de couleurs pour identifier (et séparer) ces plages horaires et vous aider à faire la part des choses. Lorsque vous travaillez sur votre recherche, vous laissez de côté vos soucis. Lorsque vous réglez vos soucis, vous n'accordez aucun temps à votre recherche.

J'ai une forte tendance à ruminer tout le temps, au point que cela m'empêche de dormir et de vivre sereinement les journées qui passent… Y a-t-il une solution pour atténuer cette gamberge qui finit par m'épuiser ?

Pas de solution miracle, évidemment. Il faut travailler un peu chaque jour, en variant les postures et les exercices. Le fil rouge de votre démarche passe par la gestion stricte de votre emploi du temps. Celui-ci identifiera clairement les plages horaires de travail pour votre recherche, avec mission pour vous d'être dans l'action pendant ces moments-là. Vous devez aussi travailler à vous faire du bien : intégrez dans votre emploi du temps des moments de plaisir et des moments « sociaux » (échanges avec des amis, votre famille, un voisin). Utilisez enfin les exercices de respiration, de relaxation, de programmation mentale et d'ancrage. Chacun a son utilité pour stopper la gamberge que vous évoquez (voir p. 62, 63 et 67).

Jeune, sans expérience, comment convaincre ? Comment sortir de cette spirale infernale où l'on me reproche sans cesse de ne pas avoir d'expérience ?

Mettez en avant (lettre, CV) vos atouts : diplôme, niveau de langue, pratique informatique (dont Internet), niveau de rémunération. Vos stages doivent être présentés comme de vraies expériences professionnelles. Expliquez quelles étaient vos missions, les actions mises en place et vos résultats. Votre CV doit mettre en avant ces stages. À défaut de stage, mettez en avant vos compétences et qualités personnelles (voir la liste de 75 qualités, p. 17). Dans votre lettre, soyez apporteur de solutions, montrez que vous avez analysé les besoins de votre interlocuteur et dites la façon dont vous envisagez de les satisfaire. En faisant ainsi, vous forcerez l'écoute et serez plus souvent convoqué en entretien.

Je suis terrorisé à l'idée de me rendre à un entretien... Comment surmonter cela et exister devant un interlocuteur ?

Première chose importante : si l'on vous a convoqué, c'est que vous intéressez votre interlocuteur ! Capitalisez sur ce point. Relisez l'annonce de recrutement et comprenez ce qui, dans votre parcours, est un atout pour votre candidature. Notez de manière factuelle tout ce qui vous semble intéressant chez vous : formation ? expériences ? connaissances expertes particulières ? niveau de langue ? vos résultats commerciaux ? autre chose ? Ensuite, entraînez-vous à répondre aux 100 questions les plus posées en entretien (voir p. 159). En faisant ainsi, vous serez certain de ne pas être pris au dépourvu.

Je ne suis pas en forme en ce moment. Comment trouver les ressources nécessaires pour me rendre à cet entretien, demain ?

C'est vraiment le moment de vous prendre en main, de dominer les envies d'abandon qui vous envahissent. Faites appel à vos ressources internes les plus puissantes : faites le tour de vos succès passés (voir p. 51), de vos référents spirituels (voir p. 56). Utilisez durant ces 24 heures les ancrages que vous avez mis en place (voir p. 139) et offrez-vous des moments de plaisir et de détente. Important : pendant cette journée qui précède, faites en sorte de favoriser votre sommeil : activité physique dans la journée + pas d'excitant après 17 h + coucher sans télévision. Au lit, ou juste avant, relisez tranquillement l'annonce de recrutement et votre CV, puis laissez reposer le tout. Si vous le souhaitez, entamez une relaxation.

Je ne peux me résoudre à prendre un job alimentaire… Et pourtant j'ai vraiment besoin d'argent ! Comment débloquer cette situation ?

Vous savez que cet emploi serait transitoire. Votre objectif professionnel est autre ? plus ambitieux ? Certes, mais il n'est écrit nulle part que cet objectif soit atteint tout de suite. Un objectif est une cible à atteindre et il y a toujours un chemin à parcourir pour le réaliser. Ce chemin passe souvent par des situations intermédiaires non désirées mais nécessaires. Mettez vos états d'âme de côté et foncez, prenez ce job !

Après 2 ans de recherche sans succès, j'ai perdu toute volonté… Comment surmonter cela ?

Vous devez absolument vous faire aider. Si votre accompagnement n'a pas été actif jusqu'à maintenant, des solutions associatives existent. Si vous avez besoin d'un soutien psychologique ou médical, parlez-en à votre médecin, il sera de bon conseil pour vous orienter et vous permettre d'être pris en charge. Pensez aussi aux réseaux associatifs du type SOS amitié (voir p. 76).

En entretien, comment contrer une objection sans perdre mes moyens ?

Acceptez la critique tout en la nuançant : « Vous avez tout à fait raison de préciser cela, cependant on peut aussi considérer que… »

Être plus fort dans son corps

Je ne suis pas sportif du tout et je n'ai aucune envie de « bouger » mon corps. Comment l'entretenir sans pratiquer de sport ?

Aucune excuse pour ne rien faire ! Vous pouvez bouger votre corps en marchant, en prenant les escaliers, en pratiquant le yoga, la respiration consciente, des exercices d'étirement et d'assouplissement (voir p. 63) ou de musculation douce (voir p. 64), et même en pratiquant la relaxation (voir p. 62) !

Seul chez moi, j'ai tendance à grignoter pendant la journée et je prends de l'embonpoint...

C'est effectivement le piège ! Le stress lié à la recherche d'emploi provoque des comportements alimentaires de substitution (manger calme certaines tensions). Ajoutez la proximité de votre frigo ou des placards pleins de tentations (biscuits, chocolat...), le tour est joué et adieu la ligne ! Astuce : limiter à la source les tentations (en évitant de remplir le caddie de ces produits !). Et super important : interdisez-vous vraiment le grignotage et ne mangez qu'aux repas (ajoutez dans votre emploi du temps un tea time ou un goûter). Vous pouvez adopter une stratégie de récompenses (mais uniquement en cas de bon travail) qui n'interviendrait qu'à partir d'une certaine heure (16 h, par exemple). Vous pouvez adopter la stratégie extérieure (aller en bibliothèque, par exemple) pour éviter les tentations à la maison. Au final, pas de solution miracle : la réponse, comme souvent, dépend de vous !

Je suis un grand sportif et j'adore pratiquer mon sport favori. Comment m'accorder ce temps de dépense physique sans culpabiliser ?

Ce temps sportif est nécessaire à votre équilibre physique et psychique, et donc à votre efficacité de travail. Soyez-en convaincu. Intégrez-le dans votre emploi du temps comme un élément de réussite de votre recherche d'emploi. Et pendant ce temps sportif, jouissez de chaque seconde et prenez plaisir ! Vous sortirez de chaque séance régénéré et plein d'énergie positive !

Ancien bon joueur de tennis, j'ai comme projet de profiter de ma période de recherche d'emploi pour refaire des compétitions. Cela vous paraît-il approprié ?

À condition que cela ne prenne pas le pas sur votre recherche d'emploi, votre idée me semble excellente ! En faisant ainsi, vous poursuivez un but de conquête et développerez des qualités utiles pour votre recherche : combativité, endurance, vivacité, créativité, résistance au stress, courage… Vous programmez aussi des moments de réussite, bénéfiques pour votre moral et votre estime de vous-même. Foncez !

Depuis que je suis en recherche, mon sommeil est souvent agité... Comment corriger cela ?

Je vous conseille de tester ce qui marche pour vous : douche tiède le soir avant de vous endormir, tisane avant de passer au lit, pas de télé après 22 h 30, pas de boisson caféinée en fin de journée, idem pour le sport... Vous pouvez aussi combiner cela avec une relaxation ou un temps de méditation avec des phrases positives (voir p. 151). Il me semble utile, également, d'écrire en fin de journée le programme de la journée suivante, sous forme de liste. C'est une façon de vous libérer du quotidien de la journée passée (il se retrouve sur la liste, plus dans votre esprit !) et de vous endormir libéré de l'éventuel stress de la journée à venir. Vous avez symboliquement délégué à cette liste la fonction de porter, le temps d'une soirée et d'une nuit, le poids des tâches à faire le lendemain.

Je n'ai aucun moyen financier pour pratiquer un sport. Comment remédier à cela ?

Tout d'abord, voyez ce que votre mairie et les associations proposent comme aide ou exonération pour les personnes en recherche d'emploi. Certaines piscines municipales sont parfois en accès libre. Certaines cotisations sont réduites à la licence (obligatoire pour des questions d'assurance). Renseignez-vous. Certaines pratiques sportives sont peu coûteuses : marche à pied, jogging, natation, entraînement au golf (gratuit sur les zones de putting et d'approche), VTT, musculation naturelle... Vous pouvez aussi pratiquer gratuitement un sport avec un ou des amis : football, basket-ball, handball, badmington, tennis de table... Autre piste : investir dans un CD de coaching sportif (ou le trouver gratuitement à la médiathèque municipale) et faire les exercices à la maison !

Convaincre malgré les blessures de la vie

J'ai quitté mon emploi précédent suite à un harcèlement moral. Comment évoquer ce sujet en entretien ?

Je vous conseille fortement de ne pas évoquer du tout ce sujet. C'est en effet un sujet délicat à aborder et cela risque de déraper sur une critique en règle de votre ancien employeur (ce que l'on vous reprocherait dans 100 % des cas). Cette notion de harcèlement moral est par ailleurs subjective, et peut laisser planer le doute sur les causes réelles de votre départ. Rappelez-vous une chose : le doute ne bénéficie jamais à un candidat. Dans ce cas, je vous suggère de donner une explication plus neutre. Les difficultés financières de l'entreprise peuvent par exemple avoir justifié un départ négocié.

Dois-je mentionner en entretien que je suis divorcé ?

Cette précision est hors sujet dans un entretien de recrutement. Elle peut même présenter un risque, votre interlocuteur pouvant émettre un jugement négatif sur cette situation. Ne le mentionnez pas non plus sur votre CV.

Comment parler de mes 5 années de création d'entreprise, celles-ci s'étant soldées par un échec ?

Si vous avez tenu 5 ans, c'est en soi une réussite ! Votre interlocuteur le sait d'ailleurs très bien. Il est difficile de réussir un projet d'entreprise viable, les contraintes étant excessivement nombreuses... Le fait que vous n'ayez pas réussi au point d'en vivre ne vous sera pas reproché en tant que tel. Expliquez de manière factuelle en quoi cette expérience a été enrichissante : quelles compétences ont été acquises ? Quelles limites cette expérience a-t-elle également révélées ? Présentez cette expérience de façon classique, en précisant simplement votre qualité de gérant ou de directeur général. Par exemple : « Directeur général et fondateur de xxxx, j'ai créé et piloté cette activité de xxxx à xxxx. Au cours de cette expérience, j'ai pu mettre en œuvre xxx, xxx et xxx. J'ai développé xxx et mis en place xxx. »

Comment communiquer sur mon handicap lorsque je postule ?

Si l'entreprise est ouvertement « handi-recruteuse » (par une mention ou un sigle dans l'annonce ou sur son site Internet, par exemple), déclarez votre reconnaissance de travailleur handicapé sur votre CV. Dans les autres cas, abstenez-vous. Si votre handicap n'est pas visible et ne vous empêche pas de tenir le poste, ne dites rien, décrochez le job et éventuellement, plus tard (au minimum après la fin de la période d'essai) communiquez si vous le souhaitez sur votre situation. Si votre handicap est visible (nanisme, béquilles ou fauteuil par exemple), peut-être pouvez-vous prévenir votre interlocuteur 1 heure avant l'entretien : 1) pour qu'il n'annule pas et qu'il vous laisse toutes les chances de le convaincre lors de cet entretien et 2) pour éviter une surprise qui pourrait vous desservir ? La réponse vous appartient...

Je bégaie facilement en situation de stress et suis angoissé à l'approche de mon prochain entretien. Comment gérer cette situation ?

Travailler votre capital confiance vous permettra d'abaisser votre niveau de stress (voir p. 49). Travaillez aussi les exercices de relaxation (avec programmation mentale positive sur le déroulé de l'entretien) et les exercices de respiration et/ou de méditation (voir p. 67 et p. 155).

Maman solo de 32 ans avec 2 enfants en bas âge, je suis contrainte de travailler mais n'ai pas d'expérience professionnelle ni de diplôme particulier. Comment construire un argumentaire convaincant ?

Tout d'abord, postulez ou proposez vos services là où vous avez des compétences naturelles. (Identifiez celles-ci grâce aux conseils donnés, p. 17). Au besoin, vérifiez que vous n'avez pas besoin d'une formation ou d'un certificat. Concrètement, votre CV sera organisé par compétences, votre période de « maman » étant formulée sous l'intitulé « Congé parental ».

J'ai été licencié de mon poste précédent pour faute grave. Dois-je le préciser à mon interlocuteur ?

Donner une telle information reviendrait à condamner immédiatement votre candidature. Vous êtes donc contraint d'arranger la réalité. Une négociation à l'amiable (ou rupture conventionnelle) pour des raisons de réorganisation de service est un motif plus rassurant pour un recruteur. Ne donnez pas de détails et passez à la question suivante.

Je suis en procédure prud'homale. Dois-je le préciser dans ma lettre ou lors de l'entretien ?

Je vous conseille de ne pas l'évoquer du tout. Les prud'hommes font peur aux recruteurs : on pourrait penser que vous êtes un salarié à problèmes (même si ce n'est pas le cas).

J'ai perdu un enfant et ai été absente du marché du travail pendant 3 années, le temps de me reconstruire... Comment justifier cette période ?

Si vous êtes capable d'en parler sereinement, sans que cela nuise à la qualité de votre entretien, je pense qu'il est bien que vous évoquiez le sujet. La nature délicate de celui-ci fera que le recruteur passera rapidement à la question suivante. Si vous ne pensez pas pouvoir le dire (trop tôt, douleur encore trop importante), peut-être pouvez-vous avancer une réponse plus générale. La décision vous appartient, l'idée étant de trouver la posture qui vous permettra de poursuivre l'entretien le plus sereinement possible.

Je suis maladivement susceptible et je vis très mal les reproches qui me sont faits, au point d'être souvent agressif et de rater de ce fait mes entretiens. Comment travailler ce défaut ?

Vous devez vraiment prendre sur vous et vous rappeler qu'un entretien de recrutement est une pièce de théâtre où tout ce qui est dit n'est pas tout à fait la vraie vie. Il s'agit d'un exercice codifié. Ce qui est dit sur vous pendant cet entretien n'a pas de valeur en soi. Il ne s'agit pas d'un bilan de personnalité ou d'un bilan de compétences. Il arrive aussi à tout le monde de ne pas être en forme le jour J, de ne pas répondre correctement aux questions posées, de tomber sur un interlocuteur agressif... Dans ce cas, il faut apprendre à relativiser. Ne pas prendre au pied de la lettre ce qui est dit et la façon dont cela est dit. Les entretiens d'embauche concentrent souvent beaucoup de maladresses et manquent parfois de professionnalisme. Il faut faire glisser tout cela pour vous concentrer sur votre prochaine candidature et donner le meilleur de vous-même !

Je suis en disponibilité depuis 2 ans pour convenance personnelle. Comment justifier ce trou sans passer pour un paresseux ?

Tout d'abord, évitez à tout prix d'utiliser cette formulation « convenance personnelle » qui, par sa relative légèreté, peut agacer un recruteur. Soyez plus factuel en précisant un intitulé qui correspond à votre situation : congé parental, création d'entreprise (à préciser), congé sabbatique, projet personnel (en précisant lequel)…

Surmonter les moments difficiles de la recherche

Le regard de mes proches a changé.
Il devient culpabilisateur, voire agressif…
Comment faire face à cela ?

Vous ne pourrez jamais changer complètement le regard d'autrui. La seule chose sur laquelle vous avez un pouvoir est d'être irréprochable dans votre démarche. Tous les conseils de ce livre vous donnent les clés pour l'être. En suivant ces conseils (et notamment en organisant un temps de travail quotidien), et en communiquant à votre entourage vos actions positives, vous serez inattaquable. Si vous décidez de vous consacrer un jour « off » dans la semaine, comme le mercredi pour vos enfants, par exemple, dites clairement à votre entourage que vous ne travaillez pas à votre recherche le mercredi. Cela sera plus simple d'affronter les regards ce jour-là. Ils sauront aussi que les autres jours de la semaine, on ne pourra pas vous déranger.

J'ai un ado et nos rapports se sont tendus du fait de notre présence mutuelle à la maison... Comment retrouver une relation normale ?

Vous devez désormais gérer à deux un espace et un temps qui vous est commun. Vous devrez aussi sans doute partager l'ordinateur familial. La priorité est de retrouver un emploi et vous devez, je pense, en discuter en tête à tête avec votre ado. Prenez ce temps avec lui pour être sûr qu'il a bien compris la situation. Dites-lui que vous ferez tout pour écourter au maximum ce temps de recherche, mais que cela peut prendre plusieurs mois. Vous devez aussi, et c'est tout aussi important, écouter ses besoins à lui. Comprenez qu'avant votre présence à la maison, il s'était organisé une vie que vous allez un peu déranger. Convenez des temps d'utilisation de l'ordinateur, des temps de solitude de chacun (vous pour travailler ou vous ressourcer, lui pour être sur Internet ou inviter ses copains). Travaillez avec lui dans la concertation, la transparence et la confiance.

Ma recherche d'emploi a fragilisé mon couple. Comment reprendre le dessus ?

Bien souvent, le regard des proches change, tout d'abord parce que vous passez vos journées à la maison ! Il y a une sorte de critique implicite (et injuste !) : « Moi je travaille et toi tu restes à la maison. » Quand le conjoint est déjà lui-même à la maison, cela est tout aussi délicat ! Celui-ci s'est organisé une vie personnelle bien réglée et vous « surgissez » et bousculez cet équilibre du jour au lendemain. La bonne attitude à adopter, si votre conjoint travaille : communiquez de façon positive et constructive sur votre activité de recherche, vos découvertes, vos petites victoires (annonce intéressante, rendez-vous, rencontre...). Important aussi : facilitez la vie de la maison ! Pourquoi ne pas préparer la table du petit déjeuner, accompagner les enfants à l'école, les aider à faire leurs devoirs le soir ? Faites de cette période un temps positif pour votre entourage, à commencer par votre conjoint. À surtout éviter : faire le bilan négatif de votre journée, des réponses de refus, des entretiens qui se sont mal passés, etc. Votre conjoint a lui-même ses soucis de la journée et il ne souhaite pas forcément entendre cela. Si votre conjoint est aussi à votre domicile, communiquez vos plages horaires de recherche (et de besoin de calme, voire de solitude) et tenez-vous-y. Montrez que vous mettez tout en œuvre pour retrouver un travail. Au besoin, aménagez-vous des horaires à l'extérieur (ce qui permettra aussi d'offrir des bouffées d'oxygène à votre conjoint). Parlez-en avec lui, recueillez ses besoins, partagez les vôtres et organisez-vous à deux !

J'ai passé un entretien exécrable où tout ce que je disais était systématiquement contredit. Je suis rentré chez moi dépité et en pleurs. Comment survivre après un tel entretien ?

Certains recruteurs prennent parfois un malin plaisir à user de leur pouvoir au moment de l'entretien… Il peut s'agir d'une tendance naturelle (auquel cas, s'il s'agissait de votre manager direct, ne regrettez rien) ou d'une attitude volontaire pour vous déstabiliser et voir comment vous réagissez. Dans ce second cas, relativisez en vous disant que vous étiez dans un jeu de rôle, que ses critiques faisaient partie d'une technique pour vous déstabiliser et vous tester, et qu'il ne s'agissait en aucun cas d'un jugement de valeur. D'ailleurs, si vous avez répondu correctement aux questions et que vous ne vous êtes pas laissé émouvoir en entretien, il est tout à fait possible que vous soyez convoqué à un second entretien…

Si je sens que la situation m'échappe en entretien, que celui-ci se passe mal, comment réagir ?

Carpe diem ! Il faut vous recentrer absolument sur le présent. Une question ratée ne vous condamne pas. Vivez la suite de l'entretien comme si de rien n'était. Cela n'est pas toujours facile, bien sûr, mais c'est la seule solution pour ne pas perdre votre chance. Par ailleurs, l'expérience m'a appris que nous étions bien souvent de piètres juges de nos propres prestations. Ce qui nous semble raté ne l'est pas toujours. Un recrutement étant une compétition, vous pouvez avoir la sensation que vous avez raté votre prestation alors que les autres candidats auront été encore moins bons. En résumé : restez connecté avec le présent !

Je constate que mon ancien salaire était à peu près 50 % plus élevé que ce que l'on me propose aujourd'hui pour le même poste… Comment accepter une telle baisse ?

Vous n'avez malheureusement pas le pouvoir de changer la réalité. Vous pouvez vous accommoder de cela en revoyant votre train de vie, en reportant des projets de dépenses ou d'investissement… Vous pouvez d'ailleurs considérer que cette période est transitoire, le début d'une nouvelle période professionnelle qui vous verra progresser en salaire dans les prochaines années et retrouver ce niveau de rémunération qui était le vôtre.

Vous pouvez aussi décider que cela n'est pas gérable pour vous. Dans ce cas-là, plutôt que de vous accrocher à un salaire qui n'existe plus sur le marché, vous pouvez envisager, comme certaines personnes le font, de travailler plus en acceptant un deuxième travail ou bien encore de changer de travail (projet de reconversion ou plus simplement de repositionnement de votre offre de service). Peut-être faudra-t-il d'ailleurs envisager une formation complémentaire ou de remise à niveau. Les trois étapes qui doivent guider vos réflexions : 1) principe de réalité : ne jamais vous accrocher à quelque chose qui a disparu ; 2) définir clairement vos besoins réels (et surtout ne pas les confondre avec vos désirs, voir p. 53) ; 3) afin de décider de la voie à suivre.

J'ai parfois l'impression que l'entretien se passe mal du fait de l'incompétence de mon interlocuteur. Comment gérer ces situations très inconfortables ?

À aucun moment du recrutement vous ne devez être dans le jugement d'autrui. Tout d'abord parce que cela ne sert à rien. Vous ne pourrez jamais contrôler l'humeur ou le caractère ou encore la compétence des personnes qui vous entourent. D'autre part, parce qu'à tout moment, vous devez concentrer vos pensées et votre discours sur l'essentiel : répondre aux besoins exprimés par votre interlocuteur ! Si ce besoin vous semble mal présenté, répondez-y de la façon la plus intelligente possible.

Au besoin, reformulez de façon adroite la question posée. Enrichissez-la. Rendez-la intelligente en apportant une réponse qui va au-delà des besoins de votre interlocuteur ! Vous le valoriserez et gagnerez des points par rapport à vos concurrents.

J'ai envoyé une centaine de candidatures spontanées et toutes sont restées sans réponse ! Comment savoir ce qui cloche ?

Cent candidatures sans réponse est un score anormalement bas. Pour chacune des candidatures, avez-vous passé au moins 1 heure (soit 100 heures de travail au total) pour identifier le besoin de votre interlocuteur ou entreprise ? Avez-vous, pour chacune, créé un CV adapté à leurs besoins ? Pour chacune, avez-vous rédigé une lettre avec des mots clés issus de leur site ou de leurs documents de présentation d'activité (rapport annuel, plaquette commerciale, produit vendu en magasin…) ? Enfin, pour chaque candidature, avez-vous pris le temps de relancer systématiquement votre interlocuteur dans les 48 heures qui ont suivi l'envoi de votre dossier ? En faisant tout ce travail, vous enverrez moins de candidatures, c'est certain, mais vous passerez naturellement d'un taux de réponse de 0 % à 50 % !

En cas d'échec à une candidature au cours de laquelle je suis arrivé en finale, comment gérer la déception ?

Vous avez toutes les raisons d'être déçu, MAIS vous avez aussi toutes les raisons de vous féliciter d'être arrivé à ce résultat. Au risque de vous surprendre, je vous conseille avant toute chose de fêter cela. Même de façon symbolique, en ouvrant une bonne bouteille par exemple, en vous offrant un massage ou quelque chose qui vous fait plaisir. Vous devez ensuite comprendre précisément ce qui vous a amené en finale : est-ce l'adaptation de votre CV et de votre lettre aux besoins de vos interlocuteurs ? Est-ce cet entretien d'embauche que vous avez particulièrement réussi ? Votre objectif maintenant : reproduire pour vos prochaines candidatures ce qui a fonctionné pour celle-ci. Capitalisez toujours sur ce qui a marché. Entourez-vous de pensées constructives et positives. Arriver en finale d'un recrutement est un résultat positif. En vous concentrant sur cela, vous arriverez à reproduire cette situation et décrocherez plus rapidement un emploi.

Je m'aperçois après 2 années de recherche infructueuse que retrouver mon ancien poste est impossible. Je suis désespéré, comment faire ?

Il faut entamer un travail de bilan de compétences qui vous permettra d'identifier et d'objectiver (par des faits concrets, des réalisations) vos savoir-faire, vos connaissances, vos compétences et vos talents. Un champ de la discussion (qui sera menée avec l'aide d'un consultant) portera aussi sur vos aspirations. Le travail aura pour finalité de lister les métiers et secteurs d'activité dans lesquels vous pourrez proposer une offre de compétences adaptée. En étant inscrit à Pôle emploi, vous pouvez demander à bénéficier d'un bilan de compétences approfondi (BCA). Celui-ci se déroulera avec un cabinet extérieur missionné par Pôle emploi.

Je ne comprends pas : à chaque fois que je pense tomber sur le job de ma vie, je rate ma candidature et je n'arrive même pas à décrocher un entretien ! Comment expliquer cela ?

Les raisons peuvent être multiples : peut-être projetez-vous sur certains postes et fonctions une vision trop idéaliste, en décalage avec la réalité ? Retrouve-t-on vraiment dans vos lettres et CV les besoins exprimés (diplômes, expériences, compétences, connaissances…) dans les annonces concernées ?

Dans chaque cas, et en présence de telles offres, laissez redescendre l'enthousiasme, notez calmement quels sont les besoins exprimés dans l'annonce, analysez rationnellement quels sont les atouts de votre candidature et si vous estimez que les deux correspondent (et seulement dans ce cas-là), foncez ! Dans les autres cas, abstenez-vous !

Relever la tête

Je viens juste d'avoir Internet : que dois-je savoir pour initier mes recherches ?

Tout d'abord, bravo d'avoir franchi le pas de vous équiper ! Internet va vous permettre de réaliser les 4 actions prioritaires suivantes : 1) enregistrer votre CV sur les CVthèques de sites d'offres d'emploi (à commencer par celui de Pôle emploi) ; 2) créer une adresse e-mail (qui vous servira à envoyer vos CV et à recevoir des offres d'emploi, à converser avec les recruteurs) ; 3) vous inscrire sur ces mêmes sites à des alertes d'offres d'emploi ciblées (qui arriveront chaque jour sur votre adresse e-mail) ; 4) faire des recherches d'informations (offres d'emploi, infos métiers, secteurs d'activité, entreprises...) *via* Google.

Comment travailler ma capacité à parler de moi avec aisance ?

Faites tout d'abord le point sur vos connaissances, vos compétences et vos talents (voir p. 17). Entraînez-vous ensuite à vous présenter en 30 secondes, puis 1 minute, puis 3 minutes. Faites l'exercice devant une glace et, mieux, si vous le pouvez, filmez-vous (caméra vidéo ou à l'aide de votre appareil photo numérique). Faites-le également en vous enregistrant vocalement. Facile, si vous avez un téléphone portable (fonction mémo vocal), possible aussi à l'aide de votre ordinateur.

Je viens d'être licenciée après 20 ans de boîte. Que dois-je savoir pour démarrer ma recherche sans perdre de temps ?

Vingt années au sein d'une même entreprise risquent de vous avoir placée hors marché côté salaire : vous avez en effet pu bénéficier d'augmentations régulières alors que le marché a évolué à la baisse ou a crû moins régulièrement que votre salaire. Idem pour les compétences demandées par les recruteurs aujourd'hui. Votre priorité est de mesurer rapidement les besoins du marché (et non d'essayer d'obtenir à tout prix les équivalents de votre ancien poste). Pour faire ce bilan, faites un premier tour des offres d'emploi. Questionnez aussi votre conseiller Pôle emploi ainsi que tous les professionnels avec lesquels vous êtes en contact (conseiller Apec, agence d'intérim, cabinet de recrutement…).

À 56 ans, quel argumentaire positif mettre en avant ?

Compétences, expériences, dynamisme, management… apporteur d'affaires ! Recentrez votre discours sur ces points importants. Deux des freins à l'embauche des seniors résident dans la croyance qu'ils sont chers et peu à l'aise avec l'outil informatique et les nouvelles technologies (résultats d'une étude Ipsos 2007). Si vous pouvez développer un discours convaincant sur ces deux points, ne vous en privez pas, vous rassurerez vos interlocuteurs ! Concernant l'argument financier (que vous pouvez exceptionnellement développer dans votre lettre), cela peut donner par exemple, si vous êtes actuellement au chômage : « *Concernant mes prétentions salariales, je m'adapterai à vos contraintes budgétaires, la priorité pour moi étant de m'investir à vos côtés pour réussir à ce poste.* » Vous pouvez aussi opter pour une posture entrepreneuriale, de développeur de business : « *Mon expérience confirmée chez xxx me permettrait d'encadrer efficacement votre force commerciale et de développer rapidement votre présence sur le marché de xxx. À titre d'exemple, le CA que j'ai réalisé sur ce marché a été de xxx M€ en xxxx.* »

Je constate que je suis aujourd'hui dans une impasse. Comment identifier les différentes autres voies qui s'offrent à moi ?

Je vous invite tout d'abord à réaliser un bilan de compétences (gratuit *via* votre Pôle emploi) afin de faire un point serein sur les connaissances et compétences utiles. Ce travail vous permettra d'identifier les métiers et/ou secteurs porteurs pour vous, et qui embauchent ! Autres voies à identifier : formation, entrepreneuriat, emploi de transition, concours, travail indépendant… (voir « élargir votre champ d'action », p. 41).

Comment être convaincant alors que le poste pour lequel je postule ne me plaît pas ? J'ai pourtant besoin d'argent…

Tout d'abord, faites-vous une raison. Si vous devez prendre ce job parce que vous avez besoin d'argent, prenez-le ! N'encombrez pas votre esprit avec des considérations de confort (intérêt du travail, plaisir). Votre priorité est de vous remettre en action et de décrocher ce poste. Considérez qu'il est un emploi de transition (une parenthèse) et voyez aussi les avantages de la situation : vous allez gagner de l'argent, vous retrouverez chaque jour un but à vos journées, retrouverez la reconnaissance sociale que vous aviez peut-être perdue (vis-à-vis de votre famille, de votre entourage proche), allez de nouveau cotiser, prolongeant votre période d'indemnisation Assedic en cas de coup dur, etc. Concernant votre argumentaire, soyez simple et efficace : concentrez-vous sur vos connaissances, vos compétences et leur valeur ajoutée par rapport aux besoins de votre interlocuteur !

Mon entourage m'a conseillé de créer un statut d'auto-entrepreneur et de vendre mon savoir-faire… Par quel bout commencer ?

Il faut avant tout que vous soyez vous-même convaincu qu'il s'agit d'une bonne solution ! La création d'une activité entrepreneuriale nécessite d'avoir un marché en demande (de votre produit ou de votre service) et d'avoir vous-même les compétences techniques et commerciales pour vendre ce produit ou service. Est-ce le cas ? Avez-vous fait une étude de marché complète précisant les besoins de votre cible ? Êtes-vous au clair sur ce que vous pouvez apporter concrètement pour répondre à ces besoins ? Creusez ces aspects avant de vous lancer. Si vous envisagez une activité de service aux particuliers, sachez qu'il existe 19 activités réalisables du jour au lendemain dans le cadre du chèque emploi service universel (voir p. 47).

Comment parler de mes défauts sans que cela me ferme des portes ?

L'astuce consiste à ne pas nier ces défauts mais à en parler de façon neutre (sans en rajouter) et atténuer ainsi leur portée. Exemple : « Je suis très réservé » devient « Je suis plutôt discret et privilégie les échanges avec des personnes de confiance ». « Je suis maniaque » devient « Je suis perfectionniste, j'aime le travail bien fait ». « Je suis autoritaire » devient « Je sais trancher et prendre mes responsabilités ». « J'ai du mal à imposer mes idées » devient « Je suis attentif à l'avis de mes collaborateurs et j'en tiens compte dans la mesure du possible ». L'idée étant de jouer le jeu de la réponse à la question qui vous est posée, mais de ne pas vous attarder.

Je suis décidé à me remettre à niveau en anglais mais je n'ai pas les moyens de me payer des cours. Comment puis-je faire ?

La première chose à faire est tout d'abord d'exhumer votre vieux dictionnaire d'école (si vous le retrouvez !). Lisez ensuite et quotidiennement des textes en anglais. Les sources sont nombreuses : elles sont infinies et gratuites sur Internet, très nombreuses en magazines papiers (disponibles en kiosque ou bien encore gratuitement à la bibliothèque municipale). Idem pour les livres que vous pourrez vous procurer facilement. Pour la prononciation, une piste facile à mettre en œuvre : récupérez les paroles d'une chanson en anglais que vous aimez bien (dans la pochette du CD ou sur Internet), puis exercez-vous à partir de ce texte. Amusant aussi : retrouvez sur Internet le discours d'un homme politique anglophone et prononcez ses phrases, avec la même gestuelle, les mêmes intonations ! Au cinéma, privilégiez les films en VO. Chez vous, regardez les DVD en choisissant dans le menu du DVD la langue anglaise. Vous avez des enfants ? Impliquez-vous dans leurs leçons d'anglais ! Un autre exercice utile : la traduction en direct. Seul dans votre voiture, branchez la radio sur la BBC et jouez les traducteurs en ligne ! Exercice inverse : branchez-vous sur une radio en français et traduisez en anglais tout ce que vous entendez ! L'exercice est très formateur. Pour aller plus loin, vous pouvez passer le TOEIC (voir p. 147).

Comment déceler à coup sûr les besoins de mon interlocuteur ?

On estime que les besoins d'un recruteur sont à 90 % exprimés dans l'annonce de recrutement mais aussi, pour 10 %, sur son site web, dans les communiqués concernant son activité, ses projets, ses collaborateurs… Comment aller à la pêche aux infos ? L'annonce tout d'abord. Celle-ci comporte quatre grandes parties : l'accroche, le nom de l'entreprise, le descriptif de poste et la façon de postuler. Considérez qu'une annonce étant souvent courte et coûteuse, chaque mot a été pesé avec soin ! Petit décodage rapide pour ne pas vous tromper.

Mots utilisés	Commentaires	Mots utilisés	Commentaires
« nécessaire »	Si vous n'avez pas la compétence managériale obligatoire, la pratique impérative de l'anglais, le diplôme d'HEC exigé ou la nécessaire expérience à l'étranger… aucune chance d'être convoqué à l'entretien !	« souhaité »	Si vous avez très envie de passer manager, que votre niveau d'anglais (à réactiver) est correct, que vous êtes diplômé de l'ESC Troyes, et que vous avez fait des stages à l'étranger en fin d'études… vous avez quand même une chance d'être reçu !
« obligatoire »		« serait un plus »	
« exigé »		« apprécié »	
« impératif »		« bienvenu »	
« Diplômé École de commerce »	Vous devrez justifier de votre diplôme (ayez une copie sur vous le jour de l'entretien).	« Formation Bac + 4 minimum en commerce »	Une formation universitaire généraliste peut faire l'affaire…
« Directeur »	Vous devrez justifier d'une expérience de management.	« Responsable »	Si elle n'est pas mentionnée, la responsabilité d'équipe sera nulle.
« PME de 150 salariés »	Info précise, vous permettant d'évaluer l'importance de la fonction, le processus de décision court.	« Entreprise importante de la région »	Info insuffisante, recherche complémentaire indispensable.
« 50 % de l'activité à l'international »	Vous devez avoir un anglais courant pour occuper le poste et progresser.	« À dimension internationale »	Info insuffisante, recherche complémentaire indispensable.

Mots utilisés	Commentaires	Mots utilisés	Commentaires
« Sens aigu de l'innovation »	On vous questionnera activement sur ce point en entretien !	« Esprit créatif »	Le simple fait de le citer en qualité naturelle devrait suffire…
« Bilingue »	Communiquez sur votre score TOEIC, proposez de mener l'entretien en anglais !	« Anglais souhaité »	Niveau potentiellement intéressant mais pas de besoin immédiat.

Dans tous les cas, je vous conseille de rechercher, avant l'entretien, le maximum d'informations complémentaires sur l'entreprise, le marché sur lequel elle évolue (à commencer par la liste de ses concurrents, pour savoir où elle se situe par rapport à eux) mais aussi sur votre interlocuteur ! La mode des réseaux sociaux (Facebook, Viadeo, LinkedIn, Twitter…) a rendu public bon nombre de profils. Si votre interlocuteur en a un, vous verrez la façon dont il se présente, découvrirez aussi peut-être son visage s'il a intégré une photo, lirez peut-être des interviews de lui s'il est intervenu sur un blog ou dans un média… et pourrez ainsi glaner quelques infos utiles pour vous rapprocher de ses besoins !

Je suis décidé à me reprendre en main. Quelles activités utiles pourrais-je développer en parallèle de ma recherche d'emploi ?

Celles-ci sont infinies et dépendent beaucoup de vous ! Voici 12 pistes qui peuvent vous apporter dynamisme, intérêt, réseau social et compétences nouvelles : intégrer l'association de parents d'élèves de votre enfant, donner des petits cours de maths, de français ou d'informatique, faire du soutien à la lecture auprès de jeunes, rejoindre l'équipe locale des Restos du cœur, apprendre une langue étrangère, intégrer une association locale (peinture, yoga, marche à pied, scrabble…), m'inscrire à des compétitions sportives, rejoindre un club de recherche d'emploi, faire quelques heures rémunérées dans l'association d'aide à domicile (jardinage, ménage, repassage, bricolage…), créer et animer un blog, passer des concours, écrire un livre !

J'ai pris la décision de me reconvertir. Par où commencer pour mener à bien mon projet ?

Faites un bilan de compétences avec l'aide d'un consultant (gratuit *via* Pôle emploi si vous êtes en recherche d'emploi ou finançable *via* un congé individuel de formation ou un congé bilan de compétences). À partir de ce bilan, explorez plusieurs pistes : création d'activité, concours pour rentrer dans la fonction publique, formation à un nouveau métier, vente de vos savoir-faire en indépendant (auto-entrepreneur, portage salarial, employé à domicile) ou simple repositionnement de votre offre de compétences (vous étiez assistante de direction bilingue et évoluez vers le métier d'enseignante en anglais).

Je ressens le besoin d'être aidé dans ma recherche… Vers qui me tourner pour avancer concrètement ?

Vos premiers contacts utiles sont vos conseillers Pôle emploi et Apec (si vous êtes cadre). Pensez aussi à faire de vos contacts en agence d'intérim et cabinets de recrutement des alliés et conseillers personnels. Faites le tour des associations locales d'aide aux personnes en recherche d'emploi, à commencer par celles du réseau « Solidarités nouvelles face au chômage ». Avez-vous pris contact avec l'association des anciens de votre école ou de votre université ? La plupart ont un service de placement de leurs diplômés et offrent des conseils en matière d'accès à l'emploi. Rejoignez (ou créez) un groupe de chercheurs d'emploi, on est toujours plus forts à plusieurs ! Si vous avez moins de 25 ans, contactez votre mission locale qui vous prendra en charge avec efficacité. Pensez aussi aux « ressources humaines » gratuites sur Internet (professionnels du recrutement qui aident bénévolement *via* leur blog). Explorez toutes les pistes et tous les contacts possibles (voir « Ressources utiles », p. 172).

Outils, méthodes, modèles et exercices à faire

▶ Dans cette partie, j'ai privilégié les exercices pratiques à faire. Adaptez-les à vos besoins en utilisant vos propres mots. Enrichissez-les, appropriez-les-vous et inscrivez-les dans votre emploi du temps. ▶

Organisez votre carnet de rendez-vous

Indispensable : soyez rigoureux dans le suivi de vos candidatures. Notez-les toutes dans un carnet (ou tableau) de rendez-vous. Voici un modèle simple que vous pouvez utiliser et personnaliser en fonction de vos besoins. Pour une meilleure gestion de ce carnet de rendez-vous, je vous conseille d'utiliser un tableur (type Excel ou fonction tableur du logiciel Works).

Date d'envoi	Poste	Référence	Média	Nature et date de la relance	Commentaires
17 mai	chef de projet NTIC	CDP12lm	apec.fr	mail : 27 mai	réponse négative
18 mai	resp édito web	REW894556	monster.fr	tel : 28 mai	toujours dans la course, relancer début juin

▶ À NOTER

Lors de vos rendez-vous mensuels avec votre conseiller Pôle emploi, imprimez ce tableau et remettez-lui une copie. Cela lui montrera votre dynamisme et lui donnera des clés, des informations précises et factuelles pour vous aider.

Structurez vos semaines à l'aide d'une grille de planning dynamique

Voici une grille de suivi qui liste par catégories (de façon complète mais non exhaustive) 54 actions pour mener une recherche d'emploi dynamique et qui couvre tous les champs du possible.

Vous pouvez la reproduire telle quelle ou la personnaliser selon vos besoins. Dans les colonnes des jours de la semaine, indiquez le temps quotidien que vous avez consacré à chacune de ces actions, ou faites une croix dans les cases correspondantes. Une fois la semaine écoulée, vous aurez ainsi une vision globale de votre temps de travail. Vous pourrez identifier facilement les zones que vous n'avez pas travaillées et qu'il convient donc de programmer dans les jours ou semaines à venir.

Répondre aux annonces	L	M	M	J	V	S	D
Faire le point sur les alertes reçues.							
Sélectionner celles auxquelles je vais répondre.							
Répondre à chacune.							
Sur les sites job boards, faire une recherche d'annonce par mots clés.							
Après avoir répondu, noter la date à laquelle relancer.							

Répondre aux annonces (suite)	L	M	M	J	V	S	D
Relancer au moment indiqué, après chaque candidature.							
Pense-bête : **replacer dans chaque CV et lettre 3 à 4 mots de l'annonce.**							
Démarcher les recruteurs	**L**	**M**	**M**	**J**	**V**	**S**	**D**
Faire la liste des entreprises que je vais démarcher.							
Trouver les coordonnées directes d'un interlocuteur.							
Rencontrer les agences d'intérim de mon métier, de mon secteur, de ma ville…							
Envoyer un dossier à tous les cabinets de recrutement de mon métier ou secteur.							
Noter les coordonnées des recruteurs que je relève dans les annonces.							
Pense-bête : **faire une recherche Internet sur les recruteurs que je vais être amené à rencontrer.**							
Consolider ma recherche	**L**	**M**	**M**	**J**	**V**	**S**	**D**
Demander à mon conseiller Pôle emploi de suivre l'atelier xxx.							
Enregistrer mon CV sur une nouvelle CVthèque.							
M'inscrire à une alerte d'offres d'emploi, sur un nouveau site.							
Modifier les paramètres de mon alerte d'offres d'emploi.							
M'abonner à une newsletter thématique (métier, secteur…).							
Lire le dossier xxx paru sur le site www.xxx.fr ou dans le magazine xxx.							

Consolider ma recherche (suite)	L	M	M	J	V	S	D
Créer un blog CV.							
Actualiser mon blog CV.							
Actualiser mes CV présents dans les CVthèques.							
Créer et actualiser régulièrement mes comptes Viadeo et LinkedIn.							
Suivre des comptes Twitter qui m'apportent des infos utiles.							
Me procurer la liste de tous les cabinets de recrutement.							
Participer au salon xxx.							
Lire la presse chaque semaine (à la bibliothèque, par exemple).							
M'inscrire à un club de recherche d'emploi.							
Prendre contact avec l'association locale d'aide à la recherche d'emploi.							
Pense-bête : terminer ma journée par les tâches que j'aime le plus.							
Élargir le champ du possible	L	M	M	J	V	S	D
Quelle activité pourrais-je exercer en indépendant ?							
Quel emploi « d'attente » pourrais-je prendre, le temps de trouver ce qui m'intéresse ?							
Parmi les 28 ateliers Pôle emploi, lesquels m'aideraient à y voir plus clair ?							
Si je devais me reconvertir, quels métiers pourrais-je exercer ?							
Quelle formation me serait vraiment utile pour repositionner mon offre de service ?							

Structurez vos semaines à l'aide d'une grille de planning dynamique

Élargir le champ du possible (suite)	L	M	M	J	V	S	D
Et si je devenais prof, quelle matière pourrais-je enseigner ?							
Quel service à domicile pourrais-je proposer autour de moi ?							
Quels concours pourrais-je passer ?							
Faire un bilan de compétences approfondi.							
Demander à mon conseiller Pôle emploi de suivre l'atelier n° xx.							
Me documenter sur une formation qui m'intéresse.							
Pense-bête : **ouvrir mon esprit, ne me fermer aucune porte.**							
Me rendre utile	L	M	M	J	V	S	D
Aider un voisin dans le besoin.							
Préparer le petit déjeuner de mon conjoint, le dîner de la famille.							
Être bénévole au service des autres.							
Donner plus de temps à mes enfants pour le suivi scolaire.							
Bricoler, réparer… à la maison.							
Traiter les papiers en retard, ranger, simplifier la vie familiale.							
Pense-bête : **aider les autres, c'est s'aider soi-même.**							
Prendre du temps pour moi	L	M	M	J	V	S	D
Faire une relaxation.							
Faire des exercices d'assouplissement, de musculation.							
Sortir chaque jour pour marcher, faire un tour de vélo, un footing…							

Prendre du temps pour moi (suite)	L	M	M	J	V	S	D
Faire des exercices respiratoires.							
Manger équilibré : des légumes, des fruits, des féculents…							
Pratiquer un sport.							
Réaliser un défi qui développera mes compétences et me donnera confiance en moi.							
M'inscrire à une activité associative qui me plaît.							
Déjeuner avec un ami, un ancien collègue de travail, un ancien client ou fournisseur.							
Aller chez le coiffeur, m'offrir un massage…							
Pense-bête : **entretenir mon corps et mon esprit** **pour tenir la distance « en forme ».**							

▲

La technique de l'ancrage

Nous pratiquons tous la technique de l'ancrage sans le savoir ! L'ancrage désigne le fait d'associer à un objet ou à une situation une sensation interne. Le premier ancrage (positif !) que nous avons tous créé étant bébé, puis enfant, est celui du doudou. En présence de notre doudou, nous avions la conviction que rien ne pouvait nous arriver, que nos cauchemars seraient repoussés. L'idée est donc évidemment de réactiver « l'effet doudou » en créant volontairement des associations positives pour générer des états internes qui vont nous aider à mieux vivre.

Je peux décider, par exemple, d'associer chaque trajet de métro à un recentrage sur mes sensations corporelles, pour m'aider à arrêter le flot de pensées négatives liées à ma situation. Je peux aimer discuter avec le concierge de mon immeuble, qui est pour moi un exemple de courage et d'abnégation. Ou je peux garder toujours sur moi un petit galet glané sur une plage et auquel j'associe calme et sérénité.

Valeurs intéressantes
à susciter par la technique de l'ancrage

- ▶ abnégation
- ▶ calme
- ▶ combativité
- ▶ concentration
- ▶ confiance
- ▶ courage

- ▶ humour
- ▶ lucidité
- ▶ ouverture d'esprit
- ▶ précision
- ▶ recul
- ▶ relaxation

▶ créativité

▶ détente corporelle

▶ dynamisme

▶ endurance

▶ entrain

▶ générosité

▶ humilité

▶ résistance physique

▶ résistance au stress

▶ sens de l'effort

▶ souplesse

▶ ténacité

▶ volonté…

Exemples de supports d'ancrage

▶ un petit galet glané sur une plage

▶ une personne de votre entourage proche

▶ une personne que vous croisez tous les matins ou tous les soirs

▶ une voix à la radio

▶ un mot ou un texte (poème, citation, prière) que vous relisez ou répétez mentalement

▶ un objet quel qu'il soit (montre, stylo, téléphone, clé, bracelet…)

▶ un geste particulier (caresser le volant de votre voiture, toucher le lobe de votre oreille, faire des pompes…)

▶ une action précise (vous promener dans le parc en bas de chez vous, vous chausser, enfiler votre casque de moto…)

▶ une posture corporelle spécifique (lorsque vous croisez les jambes, lorsque vous laissez reposer votre tête sur l'une de vos mains…)

▶ la présence d'un animal de compagnie (ou le fait de le caresser)

▶ une musique particulière…

Ces supports associés aux pensées doivent être faciles à activer. Vous pouvez choisir des ancrages naturels (le roucoulement d'une colombe) ou ceux que vous pouvez mobiliser à tout moment (l'objet que vous avez toujours à portée de main).

Texte de relaxation à enregistrer

V oici un texte de relaxation qui vous rendra autonome pour faire des séances chez vous ou dans de nombreuses autres occasions. La pratique de cette relaxation sensorielle vous procurera détente et sérénité. C'est une technique très efficace pour lutter contre le stress et les idées parasites.

Vous pouvez utiliser ce texte de plusieurs façons. Vous pouvez décider de simplement le lire, soit mentalement, soit à voix haute. En faisant ainsi, vous constaterez que cette simple lecture provoque déjà un état de décontraction bénéfique. Vous pouvez aussi le réécrire à votre façon, avec vos propres mots. Vous pouvez ensuite le mémoriser ou bien l'enregistrer (grâce à un microphone, sur votre téléphone ou votre ordinateur) ou encore le faire enregistrer par quelqu'un de votre entourage dont vous appréciez la voix.

▶ **ASTUCE**

La voix a une vibration différente selon les moments de la journée. Si vous appréciez les voix « graves », enregistrez-vous plutôt le matin, quelques minutes après le réveil.

Ce texte est un cadre qui vous donne des pistes. Adaptez-le à vos besoins. Par exemple, vous pouvez décider de le réécrire à la première personne (« *Je m'installe confortablement sur mon lit…* »). Vous pouvez aussi décider de n'ausculter qu'une partie bien précise de votre corps, les sensations de déplacement liées à votre respiration par exemple. Faites évoluer ce texte au fur et à mesure des séances. Appropriez-vous-le ! Adaptez-le aussi à d'autres situations : assis dans un canapé, sur un siège de voiture (en position passager !), en marchant (par exemple en portant l'attention sur la plante de vos pieds ou le balancement de vos bras), dans votre fauteuil devant la télé pendant la pause publicitaire… Bref, toute occasion est bonne pour réaliser cette relaxation sensorielle.

Texte

« *Installez-vous confortablement sur votre lit... les bras le long du corps... les yeux fermés... coupés de toute tension... Prenez le temps de trouver la position qui vous convient le mieux... celle qui vous est propre... le seul critère est de vous sentir bien... Laissez aller votre corps... libérez toute tension...*

Pour prendre conscience de votre corps, portez tout d'abord l'attention sur votre respiration... Prenez conscience de l'air qui entre par vos narines... sentez l'air glisser sur les parois intérieures de vos narines... Sentez aussi votre ventre se gonfler... Inspirez... puis expirez... prenez conscience de ces sensations pendant une dizaine de respirations environ...

Portez votre attention sur vos pieds... ils sont relâchés... détendus... sans aucune tension... prenez plaisir à ausculter chaque petite partie de vos pieds... la plante des pieds... puis les orteils... vos chevilles... prenez le temps nécessaire pour chaque zone... portez simplement votre attention sur chacune avec bienveillance et notez tout ce que vous ressentez... simplement...

Portez ensuite votre attention sur vos jambes... ressentez le poids de celles-ci sur le lit... Sentez-les s'enfoncer dans le lit... essayez de penser et de ressentir "Mes jambes sont toutes lourdes... mes jambes sont détendues... elles sont pesantes"... Soyez attentif... Ressentez leur chaleur... prenez plaisir à capter la plus petite détente... et souriez à l'idée que votre corps se détend petit à petit... Prenez autant de temps que nécessaire à cette lente découverte de chaque partie de vous-même... même la plus infime de votre corps... amusez-vous à porter votre attention sur une partie choisie... vous êtes le seul maître à bord... celui qui guide votre esprit... et l'attention portée à votre corps...

Poursuivez cette découverte en portant votre attention sur votre bassin... quelles sont les parties de votre corps en contact avec le dessus de votre lit... comment définissez-vous ce contact ? Est-il doux ? chaud ? froid ? souple ? Si vous ressentez la moindre tension, replacez le bas de votre dos de façon à être tout à fait relâché... sans aucune tension... Dans la position allongée, votre bassin est un point d'appui important de votre corps... ressentez la pesanteur de votre corps à travers ce point de contact important... prenez plaisir à ressentir les sensations agréables liées à la pesanteur de votre corps... En "pesant", votre corps existe... il est vivant... il est sans tension... il irradie une douceur bienveillante... Ressentez tous les effets bénéfiques de cette attention intérieure... souriez... pleurez si vous en ressentez le besoin... laissez s'évacuer toutes les tensions accumulées... c'est important... Si vous ressentez une tension, accueillez-la avec bienveillance... laissez-la s'exprimer... écoutez-la en la localisant... en mesurant son intensité... changez de position... voyez si cela l'amplifie ou la fait baisser... jouez avec elle... devenez son amie... parlez-lui intérieurement en lui demandant de s'exprimer autrement... prenez le temps nécessaire pour ce dialogue intérieur...

Remontez ensuite au haut de votre dos... autre point de contact important de votre corps sur le lit... notez les zones en contact (omoplates ? milieu du dos ?)... et les zones plus aériennes, plus indépendantes de cette zone de contact sur votre lit... Ressentez la pesanteur de votre corps à travers ce point de contact du haut de votre corps...

Glissez maintenant votre attention vers vos épaules... puis vos bras... vos avant-bras... vos coudes... vos poignets... vos mains... vos doigts... prenez autant de temps nécessaire pour chacune de ces parties... Vous pouvez aussi décider de ne vous concentrer que sur une seule d'entre elles... vous seul pilotez cette séance... essayez à chaque fois de cerner les sensations : zones de contact, douceur, chaleur, détente progressive, caresses liées au déplacement du corps, tensions, éventuelles douleurs... l'objectif de cette séance de relaxation est un recentrage de votre attention sur vos sensations corporelles...

Vous allez maintenant faire un exercice très amusant... Portez votre attention sur votre respiration... sur les déplacements corporels liés à votre respiration... l'air inspiré gonfle vos poumons... fait se soulever votre ventre... déplace votre cage thoracique... Ce mouvement interne peut soulever légèrement vos bras... déplacer de façon infime vos mains... vos épaules... Soyez attentif et décelez toutes les parties "vivantes" de votre corps... revisitez toutes les parties hautes de votre corps et voyez celles qui bougent grâce à votre respiration... Concentrez-vous sur vos mains... puis vos poignets... et ainsi de suite sur toutes les parties hautes de votre corps... prenez le temps nécessaire pour cette auscultation générale des mouvements internes liés à la respiration... prenez plaisir à cette séquence...

Terminez votre séance par la partie haute de votre corps... votre visage... votre nuque... votre crâne... votre mâchoire... »

▸ IMPORTANT
Pendant toute la séance, inspirez et expirez de préférence par les narines. Si vous éprouvez des difficultés (gêne liée à un rhume), cela n'est pas grave, inspirez et expirez tranquillement par la bouche.

▲

4 exemples
de défis personnels

Vous lancer un défi personnel vous donnera un but et une énergie nouvelle. En réussissant ce défi, vous développerez votre assurance, votre confiance et votre estime de vous-même. En fonction de la nature de votre défi, vous pourrez aussi acquérir de nouvelles connaissances et/ou compétences (pas forcément liées à votre métier, mais ce sera l'occasion pour vous d'apprendre).

Les 7 règles d'or pour vous fixer un objectif à la fois ambitieux (challenge) et atteignable :

▶ 1. être le plus précis possible dans la formulation de l'objectif ;

▶ 2. le dater dans le temps, éviter les objectifs supérieurs à 12 mois ;

▶ 3. lister toutes les étapes intermédiaires ;

▶ 4. lister vos besoins (matériels, financiers, aide d'autrui…) ;

▶ 5. vous encourager, fêter chaque étape réussie, si petite soit-elle ;

▶ 6. vous dégager des plages horaires libres dans votre emploi du temps ;

▶ 7. consacrer 100 % de votre énergie et de votre attention à votre objectif lorsque vous travaillez dessus.

Afin d'illustrer cela et de vous montrer comment faire, voici 4 exemples de défis avec le détail des sous-objectifs qui permettront de les atteindre :

Défi n° 1 : réaliser une bibliothèque sur mesure pour mon bureau

Temps donné : 30 jours.

Ressources nécessaires : ordinateur et connexion Internet, magazines de décoration (consultables à la bibliothèque), papier, règle graduée et crayon. Différents outils pour la réalisation.

Étapes clés :

▶ définir la raison pour laquelle je souhaite une bibliothèque (décoration et/ou vraie utilité et préciser laquelle : rangement de livres, de documents administratifs, bureau pour travailler…) ;

▶ prendre le temps de voir une centaine de modèles différents en consultant des magazines et en faisant des recherches sur Internet et prendre des notes ;

▶ prendre les mesures de mon mur ;

▶ faire une première ébauche sur papier ou sur ordinateur (nombre d'étagères, de portes, de plans de travail éventuels, de tiroirs…) ;

▶ finaliser cette ébauche ;

▶ identifier le bois ou la matière brute de ma bibliothèque (sapin, chêne, bois aggloméré, médium…) ;

▶ lister les pièces de bois à découper ;

▶ aller dans un magasin de bricolage avec mon dessin finalisé et demander conseil au responsable du rayon bois ;

▶ visiter plusieurs magasins de bricolage pour recueillir plusieurs avis ;

▶ en parler aussi à un copain bricoleur ;

▶ finaliser le choix du bois ;

▶ demander un devis de découpe et de fourniture du bois par au moins deux magasins ;

▶ commander les pièces de bois (à faire découper par le magasin retenu) ainsi que les fournitures nécessaires (vis, clous, équerres, charnières, poignées…) et valider cette liste de fournitures avec le responsable du rayon ;

▶ en prendre livraison et assembler l'ensemble des pièces ;

▶ réaliser ensuite les finitions (ponçage, vernis, peinture…) ;

► inviter des copains pour fêter cela !

Timing : 5 semaines (réalisation avant les finitions), soit 1 semaine pour l'étude des 100 modèles, 1 semaine pour la première ébauche, 2 semaines pour les différents échanges avec les magasins de bricolage et 1 semaine pour le montage de ma bibliothèque.

Défi n° 2 : passer le TOEIC
(Test of english for international communication)

Temps donné : 6 mois avec un travail quotidien de 2 heures minimum.

Ressources nécessaires : connexion Internet, livre audio de préparation au TOEIC, d'une valeur de 40 à 50 euros selon les éditions (par exemple, le guide + 4 CD « préparation au nouveau TOEIC » édité par Pearson coûte 49 euros), dictionnaire, livre de grammaire anglaise, petit cahier pour prendre des notes.

Étapes clés :

► trouver sur Internet un exemple de questionnaire TOEIC pour visualiser le niveau de difficulté du test ;

► me renseigner sur le lieu et les dates ;

► m'inscrire à l'une d'entre elles dès maintenant (pour me donner un but ancré dans la réalité) ;

► acheter un guide de préparation tel que le Pearson ;

► lire et travailler à partir de ce guide ;

► tout au long de cette préparation, écouter des émissions en anglais *via* le site Internet BBC Learning English. Celui-ci propose en effet des leçons « clés en main » chaque semaine à partir d'une info (voir « Ressources utiles », p. 174) ;

► me mettre aussi dans le bain en visionnant plusieurs films et émissions en anglais par semaine ;

► travailler mon oreille en écoutant des discours d'hommes politiques, des interviews… toujours en anglais ! ;

► faire une lecture express quotidienne sur Internet, (de 3 à 10 minutes max) : brèves d'actualité, notice technique d'un jouet de mes enfants, météo du jour… Bref, varier les plaisirs ! ;

▶ enfin, et pour garder le fil de ce travail de longue haleine, lire un livre de mon choix en anglais… en ayant toujours à côté de moi un dictionnaire et un petit cahier sur lequel noter le vocabulaire appris.

Timing : comptez un temps de travail quotidien de 2 heures, dont visionnage de films, d'interviews, et lectures diverses.

Défi n° 3 : devenir (tout seul) un pro sur Word !

Temps donné : 60 jours, 1 heure par jour.

Ressources nécessaires : ordinateur équipé de Word.

Étapes clés : mener de front trois méthodes différentes.

▶ Première méthode : je passe en revue toutes les fonctions de Word en naviguant dans tous les menus : Fichier, Édition, Affichage, Insertion, Format, Outils, Tableau, Fenêtre et découvre au fur et à mesure les fonctions de Word. À noter : une fonction utile pour la mise en page de mes lettres est la fonction Dessin. Elle donne la possibilité de créer des cadres, des blocs textes déplaçables à tout endroit de celle-ci, des formes, des mises en couleur… Pour afficher la fonction Dessin, j'ai repéré que je dois aller dans « Affichage, barres d'outils, dessin ».

▶ Deuxième méthode : je passe en revue tout ce dont a besoin un utilisateur de Word : saisir un texte et l'enregistrer, modifier l'aspect des mots écrits (mise en gras, en italique, changer la police, la taille, la couleur…), modifier la mise en page (aligner au centre, à gauche, créer des paragraphes…), intégrer des éléments (blocs textes, photos, liens URL…), réaliser un publipostage (édition d'un modèle de lettre personnalisée sur plusieurs adresses prises dans une base de données Excel par exemple), etc. Et pour chaque utilisation, je recherche les fonctions associées.

▶ Troisième méthode : je m'entraîne à reproduire la mise en page d'un livre, d'un courrier, d'une page de magazine…

Timing : en y accordant 1 heure chaque jour et en croisant ces trois approches, je maîtriserai 80 % des fonctions de Word qui sont utilisées chaque jour en entreprise !

Défi n° 4 : préparer
le prochain marathon de Paris

Temps donné : idéalement, 12 mois – à adapter en fonction du démarrage de ma préparation (le marathon de Paris se court chaque année vers le 10 avril). Au besoin, m'inscrire à un autre marathon.

Ressources nécessaires : paire de chaussures neuves et vêtements adaptés à la chaleur, au froid, à la pluie (pour ces achats, me faire conseiller par un vendeur d'une enseigne de sport ou par le professionnel qui encadre mes séances d'athlétisme), cardiofréquencemètre le cas échéant, pour mesurer mes pulsations cardiaques, connexion Internet pour accéder aux forums de discussion, aux conseils d'entraînement, aux programmes alimentaires et à l'inscription à la course (www.parismarathon.com). Éventuellement, selon mes besoins et mes envies : abonnement à un magazine de course à pied tel que *Jogging International* et, si j'en ai la possibilité financière (environ 100 euros par an), adhésion au groupe d'athlétisme de ma commune. Je serai ainsi certain de bénéficier de conseils adaptés et d'être entraîné par le groupe.

Étapes clés :

▶ prendre avant tout un rendez-vous avec mon médecin pour obtenir un certificat médical (indispensable pour l'inscription et pour vérifier que je n'ai pas de souci physique) ;

▶ concevoir un planning d'entraînement à partir des différentes informations glanées sur Internet ou en suivant les recommandations du groupe d'athlétisme ;

▶ faire les achats nécessaires ;

▶ suivre les séances d'entraînement (2 à 3 fois par semaine) ;

▶ participer le jour J !

▲

7 dialogues intérieurs bénéfiques

Apprendre à vous parler avec bienveillance (à l'occasion de séances de relaxation, de méditation, pendant des exercices physiques...) permettra d'augmenter votre estime de vous, votre confiance et votre état de bien-être général, physique et psychique.

La règle d'or est d'utiliser le présent, des mots précis, des verbes d'action, des formulations positives. L'une des clés également est de projeter les images de ses objectifs réussis (et non celle des obstacles à éviter).

Voici 7 exemples de dialogues intérieurs bénéfiques que vous pouvez utiliser tels quels ou adapter à votre situation. Ils vous donneront sans doute d'autres idées pour créer des dialogues intérieurs apaisants ou dynamisants, en fonction de l'objectif que vous poursuivez.

Dialogue n° 1 : la veille d'un entretien de recrutement

« J'ai bien travaillé pour me préparer à cet entretien. Je sais me présenter en 30 secondes, je connais par cœur le texte de l'annonce et la situation de l'entreprise. J'ai relu toutes les questions que l'on pouvait me poser et sais y répondre. Je vois précisément ce que je peux apporter à mon interlocuteur en termes de connaissances et de compétences pour répondre à ses besoins. Si je réussis, ce sera formidable et je serai très heureux. Mais si j'échoue, j'apprendrai *quelque chose de cet échec et je serai plus fort pour le prochain entretien. Je suis serein et impatient de cette rencontre. »*

Dialogue n° 2 : le matin, avant ma journée de travail (et après une nuit plutôt mauvaise)

« *Ma nuit a été écourtée mais ce n'est pas grave. Mon esprit et mon corps sont bien présents et actifs. Je ferai aujourd'hui de mon mieux et, si j'en ressens le besoin, je ferai une pause en fin de matinée ou en début d'après-midi. Je me coucherai un peu plus tôt ce soir et, si j'en ai le courage, je prendrai un livre plutôt que de regarder la télévision. Je serai ainsi assuré de m'endormir plus tôt, et mon corps et mon esprit seront pleinement rechargés. »*

Dialogue n° 3 : engagement et lâcher prise

« *Pour me donner le maximum de chances à chaque candidature, je sais parfaitement quelle posture adopter. Je dois à chaque fois mettre le plus de passion, de créativité, de concentration, d'écoute, d'attention dans la lecture des besoins de mon interlocuteur et dans ma façon d'y répondre. Une fois le dossier envoyé, et après avoir noté une date de relance dans mon agenda, je dois absolument oublier cette candidature, lâcher prise, ne plus y penser pour mieux passer à la suivante. En faisant cela, je suis certain de consacrer 100 % de mon énergie créatrice à chaque annonce et je maximise mes chances d'être vu, d'être lu puis d'être convoqué à un entretien. »*

Dialogue n° 4 : sérénité avant le coucher

Une fois sous mes draps, au moment d'éteindre la lumière, je prononce la phrase suivante : « *Le plus important pour moi en ce moment précis, la seule chose au monde qui a de l'importance, que je peux contrôler et qui m'est le plus bénéfique, est de relâcher mon corps et mon esprit, de libérer toute tension physique et mentale, de m'abandonner complètement à un sommeil réparateur, profond et bienfaisant. En pensant et en faisant ainsi, je nourris mon corps et mon esprit d'énergie* et de détente bénéfique. Je démarrerai ainsi ma journée de demain avec énergie et clairvoyance pour mener mes recherches avec entrain, précision et succès. »

Dialogue n° 5 : entretien physique quotidien

« *E*ntretenir ma forme physique et psychique est indispensable si je veux tenir la distance. J'entretiens mon corps chaque jour. Je commence le matin par des exercices d'assouplissement. Régulièrement dans la journée, je coupe mon travail par des pauses « musculation ». J'aime particulièrement faire l'exercice de l'alphabet (voir p. 65). J'aime aussi faire des pompes et je me félicite à chaque fois que je bats mon record. Ces efforts me maintiennent aussi en condition psychique et en posture mentale de "combattant", ce qui m'aide à entretenir mon moral. »

Dialogue n° 6 : élargir le champ du possible

« *J*e suis ouvert à toute opportunité et j'élargis sans cesse le champ du possible en restant curieux, attentif aux informations qui me parviennent. Je suis proactif et m'abonne aux newsletters gratuites de mes centres d'intérêt professionnels, je consulte tous les sites Internet des sociétés de mon secteur, je crée sur Internet des profils d'alerte mail différents pour élargir le champ des offres d'emploi auxquelles je peux postuler, je me déplace sur les salons professionnels, je suis toutes les formations possibles qui peuvent m'être utiles (dont les ateliers Pôle emploi), je me maintiens à niveau en langue et sur les logiciels bureautiques en y allouant une partie de mon temps, je revois d'anciens collègues, je lis les dossiers traitant "des nouvelles filières de recrutement", "des métiers qui embauchent" pour imaginer des passerelles avec mon ancien job… Je suis mobile, adaptable, agile et prêt à répondre à toute offre intéressante. »

Dialogue n° 7 : félicitations

« J'ai bien travaillé aujourd'hui. J'ai atteint mon objectif prioritaire qui était de faire xxx. Demain, je compléterai ce travail. Je suis satisfait de mon engagement dans cette action. Je suis convaincu qu'en procédant ainsi à chaque étape, ma démarche sera couronnée de succès. Je décide ici et maintenant de me féliciter pour chaque étape franchie et chaque action réussie. »

▲

4 exercices de méditation

La méditation permet de focaliser son attention sur une sensation, un mouvement, un mot, une pensée, une image, un objet… et ainsi de bloquer tout système de pensée parasite (gamberge, idées noires, anxiété, stress…).

Vous pouvez méditer dans n'importe quelle position : assis, allongé (mais attention à ne pas vous endormir !), debout, en position du lotus, à genou les fesses posées sur les talons, etc. Le plus simple est sans doute de commencer par la position assise. Asseyez-vous donc sur une chaise au maintien « rigide » (évitez le fauteuil dans lequel vous vous enfoncez un peu trop confortablement). Placez-vous dans une position confortable, pieds bien à plat sur le sol, dos bien calé contre le dossier et bras dans une position qui ne génère aucune tension. Choisissez ensuite un support de méditation visuel, intellectuel ou sensoriel (voir ci-dessous), puis concentrez toute votre attention sur celui-ci. Votre unique but sera de ramener sans cesse (beaucoup de fois au tout début, puis moins, une fois que vous serez entraîné !) votre attention sur l'objet de la méditation. En faisant ainsi, vous vous couperez du temps et offrirez à votre corps et votre esprit une pause bénéfique.

Les effets reconnus de la méditation : calme, sérénité, détente corporelle et psychique, baisse de l'anxiété, meilleure concentration, développement de votre qualité d'écoute et d'observation, regain d'énergie vitale.

> ▶ EXEMPLES
>
> *Exemples de supports visuels* (yeux ouverts) : la flamme d'une bougie allumée, un caillou, une fleur, un stylo, un verre rempli d'eau, une partie de vous-même (votre main, par exemple), etc.
> *Exemples de pensées :* pensez à un mot qui vous inspire (courage, sérénité, calme, humour, générosité, combativité…) et en pensée, dessinez chacune de ses lettres, glissez de l'une à l'autre et laissez votre esprit vagabonder autour de ce mot. *Variante :* méditez sur une phrase courte (citation) qui vous inspire.

> *Exemples de sensations :* **concentrez votre attention sur votre respiration et tout d'abord sur la sensation de l'air qui entre et sort par vos narines. Soyez attentif à toutes les sensations : douceur, chaleur, tension, lourdeur, odeur, contraction, détente...**

Voici quatre exercices de méditation pour retrouver calme et concentration.

Exercice n° 1 : les lettres

Prenez un mot signifiant pour vous et concentrez-vous uniquement sur ce mot. Prenons l'exemple du mot « courage ». Fermez les yeux, placez-vous dans votre posture de méditation favorite (assis dans un fauteuil, sur le sol dans la position du lotus, allongé sur votre tapis de sol...) et visualisez ce mot. Mentalement, redessinez ce mot sur un tableau d'école. La lettre C, puis le O, le U, etc. Jusqu'au E final. Jouez avec les lettres en en enlevant une, en en rajoutant une autre, en les déplaçant... Continuez l'exercice autant de temps que vous le pourrez.

Variante : pour dessiner chaque lettre, utilisez votre respiration. Inspirez en formant la lettre C, puis expirez en formant la lettre O. Inspirez en formant la lettre U, expirez en formant la lettre R, etc.

Exercice n° 2 : la bougie

Allumez une bougie et concentrez votre attention sur le contour de celle-ci, sur le mouvement de la flamme, sur son centre, sur la variété des couleurs, sur l'éclairage mouvant que produit cette bougie dans la pièce où vous vous trouvez... Prolongez l'exercice aussi longtemps que vous pouvez maintenir votre attention.

Exercice n° 3 : la pensée vagabonde

Prenez un mot de votre choix et laissez vagabonder votre esprit en connexion avec ce mot. Prenons l'exemple du mot « arbre » : « *Immédiatement me viennent les idées de liberté, d'ancrage, de force, de vie, de puissance, de fraîcheur... J'entends et je ressens le frémissement des feuilles agitées par le doux vent du matin... Je respire pleinement l'oxygène dégagé par cet arbre et je me sens régénéré.* »

Exercice n° 4 : les bruits

Allongez-vous ou asseyez-vous dans un endroit calme et fermez les yeux. Faites quelques exercices de respiration profonde (voir p. 67), puis concentrez votre attention sur les bruits qui vous entourent. Votre objectif : identifier le plus de bruits possibles, des plus proches aux plus lointains, des plus forts aux plus faibles. Portez votre attention et votre conscience aussi loin que vous le pouvez, « au-delà » des murs et des montagnes.

100 questions posées en entretien d'embauche

Pour arriver serein et en pleine confiance à un entretien d'embauche, rien de tel que de vous entraîner à répondre aux questions que l'on risque de vous poser. Voici une liste de plus de cent questions fréquemment posées en entretien. À vous de jouer ! (Et surtout pas de panique, vous avez le droit de ne pas savoir répondre.)

À propos de votre parcours

▶ Pourquoi avoir choisi ces études ?

▶ Que vous ont apporté vos études ?

▶ Pourquoi n'avez-vous pas fait d'études plus poussées ?

▶ Que vous a apporté votre stage chez xxx ?

▶ Quelle est l'expérience professionnelle qui vous a le plus intéressé ? Le moins passionné ? Pourquoi ?

▶ Pourquoi avez-vous quitté votre poste chez xxx ?

▶ Vous n'avez travaillé que dans de grandes entreprises. Comment allez-vous vous adapter à notre univers de PME ?

▶ Avez-vous déjà dû licencier des personnes ? Pour quelles raisons ? Comment avez-vous géré la situation ?

À propos
de votre emploi actuel (ou le précédent)

▶ Décrivez-moi une journée de travail type.

▶ Quel est le chiffre d'affaires de votre société ? Le nombre de salariés ?

▶ Quel est l'atout principal de votre employeur actuel ? Son point faible ?

▶ Quel est le travail ou la mission dont vous êtes le plus fier ?

▶ Dans votre travail, qu'est-ce que vous aimez faire ?
Qu'est-ce qui vous rebute ?

▶ En quoi votre poste actuel fait-il gagner de l'argent à votre entreprise ?

▶ Quelles sont les valeurs de votre entreprise actuelle ? Qu'en pensez-vous ?

▶ Qu'avez-vous appris chez votre employeur actuel ?

▶ Quel type de décision trouvez-vous difficile à prendre ?

▶ Quels sont les objectifs que vous devez atteindre cette année ?

À propos de votre personnalité

▶ Parlez-moi de vous.

▶ Quel type de manager êtes-vous ?

▶ Comment gérez-vous le stress ?

▶ Comment réagissez-vous face à un désaccord avec votre manager ?

▶ En quoi cette longue période de chômage vous a-t-elle rendu plus fort ?

▶ Avec quels types de personnalités avez-vous du mal à travailler ?

▶ Quels sont vos trois principaux défauts ?

▶ Quelles sont vos principales qualités ?

▶ Savez-vous être autoritaire ?

▶ Préférez-vous travailler seul ou en groupe ?

▶ Vous avez une baguette magique et vous pouvez changer une chose en vous.
De quoi s'agit-il ?

▶ Pourquoi jouez-vous au tennis (ou pratiquez-vous le chant, la peinture...) ?
Qu'est-ce que cela vous apporte ?

- Quelles sont vos valeurs dans la vie ?
- Que signifie « réussir sa vie » pour vous ?
- Comment équilibrez-vous votre vie professionnelle et votre vie privée ?
- Quel trait de votre personnalité avez-vous amélioré ces derniers mois ?

À propos de la gestion de carrière

- Comment vous organisez-vous pour mener à bien votre recherche d'emploi ?
- En quoi ce poste serait-il une progression pour vous ?
- En quoi votre emploi actuel est-il une progression professionnelle par rapport à votre emploi précédent ?
- Pourquoi vous a-t-on embauché au poste que vous occupez aujourd'hui ?
- Avez-vous d'autres propositions en cours ?
- Comment avez-vous décroché votre premier job ?
- Combien de temps comptez-vous rester dans notre société ?
- Si vous deviez envisager un projet de reconversion, vers quel domaine ou nouveau métier vous orienteriez-vous ?
- Pourquoi cherchez-vous à quitter votre emploi ?
- Pourquoi souhaitez-vous travailler pour nous ?
- Si je vous embauche aujourd'hui, à quel poste postulerez-vous dans cinq ans ?
- Certains recruteurs disent qu'il faut changer de poste tous les cinq ans. Qu'en pensez-vous ?

À propos de votre niveau d'expertise

- Quel est votre niveau d'anglais ?
- So, how is your English ?
- Sur une échelle allant de 0 à 10, à quel rang estimez-vous votre niveau d'orthographe ?
- Que savez-vous faire avec le logiciel PowerPoint / Word / Excel ?

Questions de mise en situation

▶ Parlez-moi d'un problème récent que vous avez dû résoudre.

▶ En période de crise, pensez-vous qu'une décision de gel des salaires doive également concerner les salariés qui dépassent leurs objectifs ?

▶ Qu'est-ce qu'un objectif individuel juste ?

▶ Vous êtes recruté et je vous donne mon accord pour une prime d'équipe de fin d'année. Optez-vous pour une prime collective ou pour une prime individuelle au mérite ?

▶ Quelles sont les premières actions que vous mettrez en place si vous êtes recruté à ce poste ?

▶ Quelle est votre stratégie pour développer ce poste ?

▶ Vendez-moi ce stylo !

▶ Combien coûte ce verre à fabriquer ? Et combien le vendriez-vous ?

▶ Donnez-moi un exemple de situation professionnelle où vous avez dit « non » à un interlocuteur.

▶ Quelles sont, d'après vous, les règles d'une réunion efficace ?

À propos du poste, du métier, du secteur

▶ Quels sont les principaux changements auxquels votre métier sera confronté dans les dix prochaines années ?

▶ N'êtes-vous pas trop jeune pour ce poste ?

▶ Vous semblez trop qualifié pour cet emploi. Ne risquez-vous pas de vous ennuyer rapidement ?

▶ Quelles sont, d'après vous, les trois compétences clés de ce poste ?

▶ D'après vous, quelle est la qualité personnelle indispensable pour ce poste ?

▶ Quel est l'atout majeur de notre société ?

▶ En quoi notre société doit-elle s'améliorer pour être plus performante ?

▶ Qu'allez-vous nous apporter ?

▶ Qu'avez-vous compris du poste ?

▶ Je vous laisse cinq minutes de réflexion pour me présenter notre société à l'aide de ce paperboard.

► Vous serez amené à travailler dans un univers exclusivement féminin. Cela vous dérange-t-il ?

► Acceptez-vous de travailler tard le soir ou d'emporter des dossiers chez vous le week-end ?

► Pourquoi pensez-vous être le candidat idéal ?

► Selon vous, quel est le principal défi auquel notre entreprise devra faire face dans les dix prochaines années ?

Questions de culture générale

► Quel est votre réalisateur de cinéma préféré ? Pouvez-vous me citer cinq de ses films, les noms des acteurs principaux et leur date de sortie ?

► Quel livre lisez-vous actuellement ?

► Pouvez-vous m'expliquer ce qu'est un chiffre d'affaires ?
Une marge financière ?

► Que signifie *curriculum vitæ* ?

► Je vois sur votre CV que vous habitez rue Ferdinand-Flocon.
Savez-vous qui était Ferdinand Flocon ?

Questions déstabilisantes

► Seriez-vous prêt à réduire votre salaire temporairement pour éviter un plan social ?

► Il faut, d'après moi, savoir manipuler ses équipes pour bien manager. Qu'en pensez-vous ?

► Vous avez été délégué syndical… Pourriez-vous m'expliquer ce choix, vos motivations ?

► Je trouve que Nicolas Sarkozy est un bon président. Qu'en pensez-vous ?

► Avez-vous l'intention d'avoir des enfants dans les 3 prochaines années ?

► Vous déclarez être diplômé de Sciences-Po Paris, or j'ai vérifié, et ce n'est pas le cas. Comment expliquez-vous cela ?

► Que pensez-vous de M. Jünger (votre ancien P-DG ou ancien manager) ?

▶ Pourquoi n'enchaînez-vous que des périodes courtes de travail ?

▶ En quoi votre handicap serait-il un plus pour l'équipe ?

▶ Votre employeur actuel vous recommanderait-il ?

▶ Qui pourrais-je contacter ?

À propos de la rémunération et de la prise de poste

▶ Quelle est votre disponibilité ?

▶ Quelles sont vos prétentions salariales ?

▶ Quel est, d'après vous, le salaire de ce poste ?

▶ Depuis quand n'avez-vous pas été augmenté ?

▶ D'après vous, êtes-vous rémunéré au bon niveau de salaire ?

▶ Vous demandez une rémunération annuelle brute fixe de 52 k€. Nous pouvons vous offrir un fixe de 45 k€ et un variable de 10 k€. Qu'en pensez-vous ?

▶ Pourquoi ne demandez-vous pas plus, à votre âge ?

▶ Comment allez-vous vous organiser pour faire garder vos enfants ?

▶ La question finale : avez-vous des questions à me poser ?

5 modèles pour relancer efficacement un recruteur

Voici 5 exemples de formulation possible pour relancer un recruteur après l'envoi de votre dossier (en candidature spontanée et en réponse à une annonce) et après avoir passé un entretien d'embauche.

Modèle de relance téléphonique
après un premier entretien (sous 10 jours)

« *Bonjour Monsieur xxx,*

Je suis Géraldine Hébert et je fais suite à notre entretien du lundi xx.

Voilà, je voulais savoir où vous en étiez de votre processus de sélection. Savoir également, bien entendu, si ma candidature était toujours en lice. »

En cas de réponse positive : *« C'est une très bonne nouvelle et j'en suis ravie ! Pourriez-vous s'il vous plaît me préciser quelles seront les prochaines étapes de sélection ? Qui je rencontrerai ? Pourriez-vous à ce stade me préciser en quelques points quels sont les éléments de ma candidature qui ont retenu votre attention ? »*

En cas de réponse indécise : *« Très bien, j'en prends bonne note. À quel moment pensez-vous prendre votre décision ? Puisqu'il me reste un peu de temps, puis-je me permettre de vous adresser d'ici ce soir un complément d'information sur ma candidature ? J'ai en effet pensé à une solution pour développer xxx, gagner en productivité dans le traitement de xxx… je pense que cela pourrait répondre à vos besoins.*

J'ai juste besoin d'un peu de temps pour vous formaliser tout cela par écrit afin de vous l'envoyer par mail d'ici ce soir. Est-ce que cela pourrait vous intéresser ? »

En cas de réponse négative : *« Très bien Monsieur, c'est noté. Sans abuser de votre temps, pourriez-vous me préciser en quelques points quels sont les éléments de ma candidature qui sont restés en deçà de vos attentes ? Pensez-vous que mon profil puisse intéresser un autre service de xx (nom de l'entreprise) ? Auriez-vous la gentillesse de me préciser le nom de personnes à qui adresser ma candidature ? »*

Modèle de première relance par mail (15 jours max après la réponse à une annonce)

Monsieur,

Je fais suite à ma candidature du xx/xx pour le poste xxx
et voulais attirer votre attention sur les avantages de ma candidature :

- expérience probante chez xxx ;
- maîtrise experte de xxx ;
- je parle couramment le xxx.

Mon dynamisme et mon autonomie me permettraient d'être immédiatement opérationnelle et de contribuer efficacement au développement commercial de votre service.

Je me tiens à votre entière disposition pour vous rencontrer et vous exposer de vive voix mon projet pour xxx.

Bien cordialement,

Géraldine Hébert
06 xx xx xx xx

Modèle de première relance par mail
(10 jours après un entretien)

Monsieur,

Je fais suite à notre entretien du xx/xx dernier concernant
votre recrutement pour le poste de xxx.

Je tenais à vous confirmer tout l'intérêt que je porte à votre offre.
En effet, mon sens du xxx et ma parfaite connaissance de l'environnement xxx
me permettraient d'être immédiatement opérationnelle au sein de votre équipe.
J'ai d'ailleurs, depuis notre entretien, pensé à une solution que j'aurais plaisir à
vous détailler à l'occasion d'un prochain entretien.

Dans cette perspective, je reste à votre entière disposition
pour un second entretien.

Bien cordialement,

Géraldine Hébert
06 xx xx xx xx

Modèle de relance téléphonique après
une candidature spontanée (sous 48 heures)

« Bonjour Monsieur xxx,

Je suis Géraldine Hébert et je vous ai fait parvenir hier un projet de collaboration.
L'avez-vous bien reçu ? »

En cas de réponse positive : « Vous avez dans ce cas peut-être noté que j'avais fait
xxx, travaillé chez xxx, développé une solution xxx pour xxx... Je souhaitais évoquer
avec vous ces sujets et voir dans quelle mesure ceux-ci pouvaient répondre à vos

besoins. Seriez-vous libre cette semaine pour en discuter ? Je peux m'adapter et venir tôt ou tard, ou à l'horaire du déjeuner, selon vos contraintes. Dites-moi ce qui est le mieux pour vous ! »

En cas de réponse négative : *« Puis-je dans ce cas me permettre de vous l'adresser à nouveau ? Celui-ci détaillait mon parcours chez xxx et en particulier xxx [glissez ici une information qui puisse l'accrocher, comme un travail chez un concurrent direct, la mise en place d'une solution qui pourrait l'intéresser, le nom d'un patron avec qui vous avez travaillé… Bref, retenez son attention !] »*

Modèle de seconde relance par mail (15 jours après la première relance, et suite à un entretien)

Monsieur,

Je fais suite à notre entretien du xx/xx dernier concernant votre recrutement pour le poste de xxx.

Étant sans nouvelles de votre part, je voulais savoir si votre recrutement était terminé ou bien si vous vous donniez plus de temps pour le finaliser. J'ai reçu entre-temps une offre ferme, mais ma préférence va vers votre proposition. Aussi, auriez-vous la gentillesse de me préciser ces points rapidement ?

Sachez que je reste très motivée par ce poste et prête à rejoindre votre équipe au plus vite si vous prenez votre décision dans les prochains jours.

Dans cette perspective, je reste à votre entière disposition pour en reparler.

Très cordialement,

Géraldine Hébert
06 xx xx xx xx

Ressources utiles

Ces ressources utiles ne sont pas exhaustives. Il s'agit d'une sélection personnelle de ressources (pour la plupart web) qui complètent la lecture de ce guide.

Les sites incontournables d'offres d'emploi (job boards)

▶ **Le plus puissant et incontournable, y compris pour les postes de cadres :**
www.pole-cmploi.fr.

▶ **Sites dédiés aux cadres (mals qui donnent des infos intéressantes pour tous les statuts) :**
www.apec.fr, www.cadremploi.fr, www.cadresonline.com.

▶ **Autres sites d'offres d'emploi et de conseils :**
www.keljob.com, www.regionsjob.com, www.monster.fr, www.careerbuilder.fr, www.jobintree.com...

À intégrer également dans votre champ d'action :

▶ **Sites d'offres d'emploi des journaux :**
www.talents.fr (offres des journaux *Le Monde* et *Télérama*),
www.ouestfrance-emploi.com (annonces du quotidien *Ouest-France*),
http://emploi.liberation.fr (offres du quotidien *Libération*),
www.lefigaro.fr/emploi (site d'annonces du *Figaro*,
en association avec www.cadremploi.fr),
www.leparisien.fr/services/services-petites-annonces.htm (annonces du quotidien *Le Parisien*)...
Pensez aussi aux sites des hebdomadaires tels que *Le Nouvel Observateur*, *L'Express*, *Le Point*...

▶ **Sites des cabinets d'intérim :**
www.manpower.fr, www.adia.fr, www.randstad.fr, www.adecco.fr...
Ne pas oublier non plus les agences locales moins connues, mais chez qui il est toujours utile de vous faire référencer.

Le site des concours
et des recrutements de l'État

Adresse URL : http://concours.fonction-publique.gouv.fr.

Contenu : portail officiel du recrutement des trois fonctions publiques. Annonces de recrutement et planning des concours en ligne. Détails des sites Internet des ministères et établissements (Assemblée nationale, Sénat, INRS, Inserm, Ined, Inra, Inrets, CNRAS, Inria, IRD…).

Création d'entreprise

▶ www.lautoentrepreneur.fr :
le site officiel de déclaration de votre statut d'auto-entrepreneur.

▶ www.apce.fr :
le site de l'agence pour la création d'entreprise.

▶ www.artisanat.fr :
le site pour la création d'une activité artisanale.

▶ www.cesu.urssaf.fr :
sur ce site, retrouvez les activités indépendantes qui peuvent être rémunérées par chèque emploi service universel – et que vous pouvez exercer au domicile des particuliers.

▶ www.adie.org :
le site de l'association pour le droit à l'initiative économique pour financer des projets de création d'activité (tout sur le microcrédit !).

Formation

▶ www.fongecif.com :

le site officiel vous donnant les coordonnées de tous les Fongecif en France (financement des actions de formation du secteur privé).

▶ www.fonction-publique.gouv.fr/article823.html :

tout sur le congé de formation professionnelle, équivalent du Cif mais pour les agents des trois fonctions publiques (d'État, territoriale et hospitalière).

▶ www.vae.gouv.fr :

le portail officiel qui explique tout ce qu'il faut faire pour mener à bien une démarche de VAE (Validation des acquis de l'expérience) permettant d'obtenir tout ou partie d'un diplôme ou d'un certificat *via* une reconnaissance de ses compétences et aptitudes professionnelles.

▶ Vos conseillers Pôle emploi et Apec :

pour des formations à la recherche d'emploi.

▶ À NOTER :

pour un focus sur les 28 ateliers proposés par Pôle emploi, voir www.pole-emploi.fr /candidat/les-prestations-de-recherche-d-emploi-@/index.jspz?id=813.

Vidéos d'exercices physiques

▶ www.ruedesexperts.com/home/26 :

le détail par l'image d'exercices physiques utiles pour tonifier votre corps chaque jour. Vous retrouverez sur ce site la plupart des exercices physiques (assouplissement et musculation) proposés dans ce livre (voir p. 63).

Forums de discussion

◣ Forum de l'Apec

Adresse URL : http://forum.jd.apec.fr/index.php.

Contenu : discussions autour de thématiques concrètes. Beaucoup de témoignages qui font réagir les uns et les autres en fonction de leurs expériences. Interventions régulières de consultants de l'Apec, ce qui rehausse le niveau et la précision des échanges. Bien entendu, vous pouvez considérer ce site comme un site ressources pour poster votre commentaire ou votre question et bénéficier des aides du réseau.

Mon avis : à utiliser sans modération car la puissance du site et surtout, la présence de consultants en ligne (qui peuvent modérer ou compléter les commentaires de certains internautes) vous garantissent de bénéficier de conseils fiables.

Avis d'experts

▶ Blog des experts de l'Apec

Adresse URL : http://blog-experts.cadres.apec.fr.

Contenu : interventions de consultants de l'Apec qui traitent de sujets très concrets de la recherche d'emploi.

▶ Blog de Pierre Denier

Adresse URL : http://emploicharente.blogspot.com.

Contenu : un billet quotidien sur les trucs et astuces pour décrocher un emploi, être plus performant en entretien… Le ton des réponses est très humain, le contenu souvent drôle et toujours pertinent. L'auteur du blog *Haut les cœurs* s'engage par ailleurs à vous faire un retour sur vos CV et/ou projets de lettres.

Mon avis : très utile ! À mettre dans vos favoris.

▶ Blog de Jean-Marie Blanc

Adresse URL : http://blog-expert.jd.apec.fr.

Contenu : le Blog Expert de l'Apec est un espace d'échanges et de contributions animé par Jean-Marie Blanc, consultant à l'Apec. Il est présenté comme particulièrement dédié aux étudiants et aux jeunes diplômés, qui peuvent participer en postant des commentaires.

Mon avis : pour les jeunes mais aussi pour les autres. L'avis décalé mais actuel et sans langue de bois d'un consultant de l'Apec qui sait de quoi il parle est rafraîchissant. À mettre dans vos favoris !

▲ Blog de Gilles Payet

Adresse URL : www.questionsdemploi.fr.

Contenu : réponses personnalisées aux questions sur la recherche d'emploi. Sujets : 1er job, bilan de compétences, création d'activité, CV, entretien de recrutement, formation, handicap, juridique, lettre de candidature, métiers, psycho, reconversion, retravailler, salaire, stages, apprentissage, alternance, réseaux sociaux, stratégie, VAE... Publication d'une nouvelle question-réponse par jour (hors week-end).

Infos utiles

▲ Infos marchés, sociétés

Les actualités fonction et secteur du site de l'Apec

Adresse URL : http://cadres.apec.fr/MarcheEmploi/ApecIndexMarcheEmploi.jsp.

Mon avis : beaucoup d'infos utiles, et souvent d'actualité, sur les métiers (et leur employabilité), les fonctions, les secteurs, les régions... À consulter régulièrement pour vous tenir informé.

Les infos minimums sur les sociétés

Adresses URL : www.societes.com ou www.lesechos.fr.

Contenu : effectifs salariés, chiffres d'affaires, niveau de marge...

Mon avis : utile à consulter avant chaque entretien de recrutement.

▲ Fiches et vidéos métiers

Fiches métiers du répertoire Rome

Adresse URL : www.anpe.fr/espacecandidat/romeligne/RliIndex.do.

Emplacement sur le site : pole-emploi.fr > Candidat > Les conseils de Pôle emploi > Des conseils pour votre recherche d'emploi > Les fiches métiers.

Contenu : fiches métiers issues du répertoire Rome (Répertoire opérationnel des métiers et des emplois). Définition de l'emploi et de son environnement, évolutions possibles, formations requises, compétences mobilisées, actions menées au jour le jour... autant d'infos utiles pour vous aider à choisir les mots qui feront mouche dans une lettre, un CV par compétences ou lors d'un entretien...

Vidéos métiers de la web-TV de Pôle emploi

Adresse URL : http://webtv.pole-emploi.fr.

Contenu : des portraits vidéos de professionnels qui vous parlent concrètement de leur métier.

Mon avis : très utile à consulter pour son côté dynamique et ancré dans la vraie vie, ce site peut vraiment vous donner de bonnes pistes, vous motiver pour évoluer sur un poste, affiner votre discours dans une lettre, un CV ou lors d'un entretien.

Tests, outils utiles

▶ Personnalité

Test de personnalité gratuit du site mareussite.com

Adresse URL : www.mareussite.com/conseil_bilan.asp.

Contenu : un test de personnalité gratuit et remarquable par la finesse de son rendu, qui repose sur une succession d'affirmations à valider. Le résultat est assez bluffant et vous fournira une base de réflexion utile pour mieux vous connaître. À faire dès maintenant !

▶ Niveau d'anglais

Testez gratuitement votre niveau d'anglais grâce à l'Apec et Vocable

Adresse URL : www.jd.apec.fr/Premier-job/Vocable/evaluez-votre-anglais.jsp.

Mon avis : utile si vous n'avez pas passé le TOEIC et que vous n'avez aucune idée de votre niveau de maîtrise de cette langue. Cela vous prendra environ 20 minutes (15 questions de compréhension orale et 25 de compréhension écrite), l'outil est bien fait et entièrement gratuit !

Entraînez-vous gratuitement avec la BBC

Adresse URL : www.bbc.co.uk/worldservice/learningenglish.

Contenu : cours, exercices de vocabulaire et de grammaire, quizz, émissions, exercices de prononciation…

Mon avis : un site très riche, en phase avec l'actualité, à utiliser quotidiennement pour parfaire lecture, écoute et prononciation.

Livres, guides

▶ Annuaire des cabinets de recrutement

Le guide des conseils en recrutement, aux éditions Cercomm.

Contenu : coordonnées de plus de 1490 cabinets. Classements multicritères : par secteur d'activité, fonctions, implantation géographique.

▶ Collection « Un coach à vos côtés »

Quatre guides de cette collection (publiés aux Éditions Prat) peuvent également vous être utiles : *CV, Lettre de motivation, Entretien d'embauche* et *Créer son activité.*

Le + des guides de cette collection : une consultation personnalisée par mail est offerte à chaque acheteur de l'un de ces guides.

Contacts utiles

En plus de l'accompagnement Pôle emploi (www.pole-emploi.fr), Apec (www.apec.fr) ou Missions locales (services d'accompagnement dédiés aux jeunes de 16 à 25 ans, voir détails sur www.cnml.gouv.fr/annuaire), si vous en éprouvez le besoin (solitude, sentiment de manque d'écoute, de manque de temps accordé), je vous conseille de prendre contact avec l'antenne locale de l'association « Solidarités nouvelles face au chômage ».

Cette association, présente dans bon nombre de départements, dispose d'un réseau national d'environ 1 000 accompagnateurs bénévoles dont le travail est remarquable. Coordonnées locales à partir du site : www.snc.asso.fr.

À noter également : si vous ressentez le besoin d'être épaulé, soutenu dans votre recherche, adressez-vous à votre mairie. Celle-ci dispose peut-être d'un service emploi (ou aura connaissance d'une association) ? Ces associations sont souvent dynamiques et ont également l'avantage d'être proches de votre domicile.

Autres contacts utiles :

– votre médecin généraliste, qui sera toujours de bon conseil en cas de passage à vide, de coup de blues… ;

– SOS amitié : www.sos-amitie.org ;

– autres associations bénévoles d'écoute : Suicide Écoute (01 45 39 40 00), La Porte Ouverte (0800 21 21 45), Cap Écoute (04 72 33 34 35), Fil Santé Jeunes (0800 235 236)…

Ressources utiles sur le CV

▲ Modèles gratuits : CV commentés

Adresse URL : http://www.cadremploi.fr/edito/actu-et-conseils/boite-a-outils/ reussir-son-cv/modeles-de-cv.html.

Emplacement sur le site : www.cadremploi.fr > Actu & conseils > Boîte à outils > Réussir son CV > Modèles de CV.

Contenu : une cinquantaine de CV commentés dans les principales fonctions.

Le + : chaque CV est un vrai CV, par ailleurs commenté par un recruteur.

▲ Outils de CV en ligne

www.doyoubuzz.com/fr, www.easy-cv.com, www.moncv.com : sur ces plate-formes web, créez gratuitement une adresse personnelle web à votre nom (sur un modèle du type http//:votrenom-cv.com) pour héberger votre CV au format Web, Word, PDF et Vidéo. De nombreux modèles de CV vous permettent de retenir celui qui vous convient le mieux.

Autre avantage de ces solutions en ligne : votre CV étant en ligne, vous augmentez votre visibilité sur Internet puisque vous apparaissez dans les résultats des moteurs de recherche (si l'on fait une recherche de vos nom et prénom, bien entendu !).

▲ Conseils vidéos : Pierre Marzin, consultant à l'Apec

Adresse URL : http://cadres.apec.fr/MaCarriere/TousNosConseils/videos. jsp?delia=currentArticle_ART_58365||currentTopic_TOP_3022||motherTopic_ TOP_3022.

Emplacement sur le site : cadres.apec.fr > ma carrière > tous nos conseils > vidéos.

Contenu : interventions sur les thèmes « CV, innovez ! » et « CV, attention au titre ! ».

Ressources utiles sur la lettre de motivation

➤ Modèles gratuits

Lettres de cadremploi.fr

Adresse URL : www.cadremploi.fr/edito/actu-et-conseils/boite-a-outils/lettre-de-motivation/modeles-de-lettre de-motivation.html.

Emplacement sur le site : www.cadremploi.fr > Actu & conseil > Boîte à outils > Lettre de motivation > Modèles de lettre de motivation.

Contenu : une quarantaine de lettres commentées dans les principales fonctions.

Le + : commentaires à partir de vraies lettres et rappel du contexte de l'envoi de la lettre.

600 modèles de lettres de apiguide.net

Adresse URL : www.apiguide.net/06eco/01emploi/lettres_motivation.html.

Emplacement sur le site : www.apiguide.net > emploi > modèles de lettres de motivation.

Mon avis : le site le plus complet du web pour les modèles de lettres. Passez outre l'aspect très austère (et fouilli !) car ce site est une mine d'infos utiles éditées par l'AFIC, association à but non lucratif.

➤ Conseils vidéos : Pierre Marzin, consultant à l'Apec

Adresse URL : http://cadres.apec.fr/MaCarriere/TousNosConseils/videos.jsp?delia=currentArticle_ART_56798||currentTopic_TOP_3022||motherTopic_TOP_3022.

Emplacement sur le site : cadres.apec.fr > ma carrière > tous nos conseils > vidéos.

Contenu : intervention sur le thème « Qu'est-ce qui vous motive ? ».

Ressources utiles sur l'entretien d'embauche

◣ Conseils vidéos de consultants Apec

Adresse URL : http://www.jd.apec.fr/delia/Premier-job/Tous-nos-conseils/ organisation-personnelle/currentFolder_FOL_3667/currentArticle_ART_54565/ currentTopic_TOP_401/currentTopic_ART_null/motherTopic_TOP_401/ motherTopic_ART_null/17++vid%C3%A9os+sur+l+entretien +de+recrutement.html.

Emplacement sur le site : www.jd.apec.fr > Premier job > Tous nos conseils > Vidéos > 17 vidéos sur l'entretien de recrutement.

Contenu des 17 vidéos : *Comment répondre aux questions des recruteurs ?, En entretien, parlez de ce que vous aimez !, Hypermotivé, le sésame pour convaincre un recruteur !, Réussir un entretien collectif, Maîtriser sa communication en entretien, Avoir les bons arguments en entretien de recrutement, Qui vous reçoit en entretien de recrutement ?, Comment conclure un entretien de recrutement ?, Entretien de recrutement, pourquoi arriver en avance, Qu'emporter pour un entretien de recrutement ?, En entretien de recrutement, ne jouez pas un rôle, Les deux premières minutes d'un entretien de recrutement, Réussir un entretien téléphonique... de recrutement, Comment s'habiller pour un entretien de recrutement, Réussir un entretien de recrutement face à plusieurs recruteurs, Test de recrutement, qu'est-ce qu'un assessment ?*

Index

Recevez le conseil personnalisé de l'auteur par e-mail

Cher lecteur,

Vous venez d'acheter un titre de la collection « Un coach à vos côtés ! ».

Cette nouvelle collection vous offre la possibilité de poser à l'auteur **une question de votre choix** concernant votre recherche d'emploi, *via* le site Internet www.un-coach-a-vos-cotes.com.

Vous pouvez exposer en détail votre situation : Gilles Payet vous apportera ainsi une réponse personnalisée, adaptée à votre cas particulier et aux difficultés que vous pouvez rencontrer dans votre recherche d'emploi.

Par exemple :

> • J'ai 32 ans, et plusieurs expériences professionnelles derrière moi, mais toujours en CDD, et à des postes différents (hôtesse d'accueil, caissière, assistante administrative dans un hôpital…).
> Dans deux semaines, j'ai un entretien pour un CDI mais je ne sais pas comment justifier tous ces CDD et présenter ce parcours « décousu » lors de l'entretien. Pouvez-vous m'aider ?
>
> • J'habite près de Dijon, je suis ingénieur agronome, au chômage depuis plus d'un an. J'envisage de m'installer dans une autre région pour avoir plus de chances de trouver un emploi. Existe-t-il des aides à la mobilité, et quelles sont les démarches à faire pour les obtenir ?

Pour poser votre question, c'est très simple :

1 Découpez le coupon ci-contre, complétez-le et renvoyez-le à l'adresse indiquée.

2 Dès réception de votre coupon, notre service client vous enverra par mail un identifiant et un mot de passe.

3 Rendez-vous sur le site www.un-coach-a-vos-cotes.com

4 Indiquez votre identifiant et votre mot de passe dans l'espace prévu à cet effet puis cliquez sur « valider ».

5 Posez votre question dans la zone de saisie et cliquez sur « valider ».

Vous recevrez ensuite un e-mail vous informant que la réponse à votre question est disponible dans votre espace personnel sur le site www.un-coach-a-vos-cotes.com.

Attention ! Votre identifiant et votre mot de passe sont à usage unique. L'achat d'un livre ouvre droit à une seule question.
Par ailleurs, l'auteur ne répondra à aucune question portant sur le droit du travail ou concernant un contentieux avec un tiers.

À noter : ce service est accessible jusqu'au **31 décembre 2011**.

Bonne consultation et bonne chance dans vos démarches !

UN COACH À VOS CÔTÉS – RETROUVER UN EMPLOI

**Pour recevoir le conseil personnalisé de l'auteur,
découpez** et retournez **l'original de ce coupon** par courrier,
sous enveloppe dûment affranchie, à :

PRAT Éditions – 28481 Thiron Cedex

Nom* ....

Prénom* ....

E-mail* ....

Adresse ....

Code postal .... Ville ....

* Mentions obligatoires

Retrouvez tous les ouvrages de Prat Éditions sur :

www.prat.fr